信じる力と伝える力

日ハム栗山監督に学ぶ新時代のリーダー論

追手門学院大学特別顧問
日本スポーツ心理学会会員
児玉光雄
Mitsuo Kodama

二見書房

ブックデザイン　ヤマシタツトム
DTP　横川浩之

まえがき

もしも、あなたがリーダーなら、この本があなたの運命を変えるかもしれない。

2012年10月2日、北海道日本ハムファイターズの監督・栗山英樹は札幌ドームで宙に舞った。この日、ファイターズは3年ぶり6度目の優勝を決めた。そして、祝勝会は札幌ドーム地下2階の特設会場で行われ、鶴岡慎也選手会長の音頭を皮切りに、選手全員が優勝の美酒に酔いしれた。

2012年のシーズンを探っていくと、リーグ制覇の要因の一つに栗山の選手に注ぐ愛情がある。優勝後のインタビューで、栗山は、「選手たちは家族のようにつながってくれています」と語った。栗山が構築した「チームの団結心」が選手に凄い力を与え、リーグ制覇という夢を実現したのである。

リーダーの最大の責務は、チームを勝利に導くこと。それを実現するためには、「いかにメンバーの心をつかむか?」にかかっている。そのためには、リーダーなら常にメンバーに最大限の愛情を注いで、彼らの行動を観察し続け、頻繁にコミュニケーションを図ることが求められる。その大切さを、栗山ほど認識しているプロ野球の監督を見つけるのは難しい。

いかにしてメンバーとの信頼関係を構築するか。リーダーにとって、それは現場における日々の地道な積み重ねしかない。メンバーへの愛情を示しながら彼らに期待する。たとえ彼らが期待を裏切ることがあったとしても、信念を持って期待し続ける。そうすれば、必ず彼らはリーダーの期待に報いてくれる。

例えば、プロ2年目の斎藤佑樹を開幕投手に指名したかと思えば、打率1割台の不振に悩んだ中田翔を4番に据え続けたのも、栗山の選手への期待の表れである。

栗山はとにかく謙虚である。それは、「選手たちの心がリーグ制覇に導いてくれた」、「責任は全部自分にある」という彼の言葉から探ることができる。

栗山のこの謙虚さは、現役時代の挫折と無関係ではないと私は考えている。自分の現役時代と彼らを重ね合わせ、悩んでいる選手の気持ちを汲み取る姿勢は、挫折には無縁のスター選手上がりの監督に真似のできない、栗山の優れたリーダーとしての資質である。

選手のポテンシャルをとことん信じ切り、うまくいかないときにはすべてその責任を自分が負う。栗山のその姿勢が、選手全員を「この監督を胴上げしたい」という強い欲望に変え、リーグ制覇を成し遂げたといえる。

本書では、栗山の選手への接し方を中心にリーダーの人心掌握術のノウハウについて、私の専門であるスポーツ心理学の見地から深く探ってみた。

「栗山氏、日ハム監督に就任」のニュースを聞いて以来、私は栗山氏の活躍をもっとも楽しみにしてきた一人だ。長い間現場を離れ、解説者として野球の魅力を伝えてきた人間が、どんな采配をとるのか。個性派の〝野武士〟たちを、どう束ね、牽引していくのか。それまで栗山氏を一人の〝研究者〟と捉えてきた私にとって、理論と実践がどのように融合するのか、同じ研究者として目が離せなかったのである。

この本の執筆にあたり、2012年シーズンの試合経過や結果、選手のコメント、記録などは、新聞各紙の報道や球団HPの情報を中心に集めさせていただいた。苦悩の連続だった栗山氏の胸中や采配の真意は、ご自身がシーズン終了後に出版されたご著書『覚悟』（KKベストセラーズ刊）や、シーズン後の多数のインタビュー記事を通じて深く得心することができ、一部は本書で紹介させていただいた。心から感謝申し上げたい。

【目　次】

第1章
栗山采配から学ぶ新時代のリーダー像

シーズン前の予想を覆した栗山の快挙

2012年のシーズン、北海道日本ハムファイターズをリーグ優勝に導いた栗山英樹は、新しいリーダー像を私たちに見せてくれた。

10月2日は栗山にとって生涯忘れられない日になるだろう。この日試合がなかった札幌ドームには、1万5000人以上のファイターズファンが集まった。そして20時59分、それはオーロラビジョンに映し出された。この瞬間、優勝マジック1の対象チームである埼玉西武ライオンズが千葉ロッテマリーンズに敗れたため、優勝が決まったのである。
選手が一斉にグラウンドに飛び出す。栗山はファイターズの選手たちにより11度宙を舞った。しかし、そこに栗山の涙はなかった。

「勝った瞬間にプレーオフ（ＣＳ）のことばかり考えていた」（「週刊ベースボール」12年10月22日号より）

だから涙が出なかったのである。ファンを前に栗山はこう語っている。

「北海道が一番になりました。今年、開幕の時に選手にお願いしたのは、『家族のために頑張ってください』と。本当に迷惑をかけましたが、選手たちはよくやってくれました。ファンの皆さんも家族の一員だと思っています。本当にありがとうございました」

（「ファイターズ‐パリーグ優勝２０１２・オフィシャルグラフィックス」北海道新聞社編より）

いつも選手を主役にして話をする栗山の言葉には、選手への愛情が込められている。リーダーなら、メンバーに愛情のこもった言葉を何度も繰り返し言い続けよう。それだけでなく、同じことを初めてのように語り、しかもそれを熱く語ろう。

メンバーが主役。リーダーはあくまでも脇役に過ぎない。四六時中メンバーを幸せにすることを考えて、自分は黒子に徹する。一期一会《いちごいちえ》の気概をもって、今この一瞬にふさわしい言葉を熱く語る。そういう姿勢が今のリーダーには求められる。

プロ野球の長い歴史においても、コーチ経験のない指揮官が1年目にいきなり優勝する快挙はそれほど多くない。これは、1950年の毎日オリオンズ（現・千葉ロッテマリーンズ）の監督・湯浅禎夫《ゆあさよしお》と、04年の中日ドラゴンズ・落合博満《おちあいひろみつ》監督以来、史上3人目の快挙である。

しかも、栗山の場合、1990年の引退から21年の月日が流れている。その間に野球解説者として取材を精力的に行ったものの、現場でのコーチの経験は皆無の人間である。

さらに、現役時代にレギュラーに定着して規定打席をクリアしたシーズンがたった1年だけの決して一流のプロ野球選手とは言えない人間が、いきなり1軍の監督に就任してのリーグ制

覇は、もちろん史上初である。

開幕前、栗山の監督としての評価は、それほど芳《かん》しいものではなかった。どの野球評論家からも、ファイターズは優勝できないという烙印《らくいん》を押されていた。

それどころか、「現場経験のない素人が簡単に勝てるほどプロ野球の世界は甘くない」といった評論が大勢を占め、多くのチーム予想が「Ｂクラス」。

開幕前の戦力を分析すると、それも一理あった。前年に比べ、日本ハムの戦力は明らかに低下していたのだ。

まず、先発の大黒柱・ダルビッシュ有《ゆう》がメジャーリーグのテキサス・レンジャーズに移籍。ダルビッシュの11年シーズンの成績は、18勝６敗、防御率１・44という凄いもの。それだけでなく、彼の穴埋めとして強行指名した東海大学・菅野智之《すがのともゆき》にも蹴られ、絶対的なエース不在のままシーズンを迎えるわけである。

その戦力不足に加えてファイターズ首脳陣は、手腕がまったく未知数の栗山を監督に指名したわけだから、さすがに経験豊富な野球解説者の多くがファイターズを優勝争いのチームから外したのもうなずける。

しかし、その予想は見事に外れ、栗山ファイターズは見事パ・リーグ制覇を成し遂げた。

名選手必ずしも名監督ならず

もはやスポーツ界のみならず、ビジネス界においてもトップダウン方式のビジネスモデルは崩壊しつつある。もっと言えば、あらゆる分野において、システムとしてトップダウン方式のチームでは生き残れない時代なのだ。

考えてみれば、20世紀は組織をグイグイ牽引していくカリスマリーダーがスポットライトを浴びた時代であった。もちろん、日本のプロ球界においては、現役時代に実績を挙げた一流の選手だけが監督の座にありつけるという暗黙のルールはいまだに顕在である。

実は、栗山のようにコーチを経ずして監督に就任したのは、長嶋茂雄《ながしましげお》、野村克也《のむらかつや》、落合博満、星野仙一《ほしのせんいち》等、選手として実績を挙げた人間のみ。

栗山の現役時代の成績を紐解くと、東京ヤクルトスワローズに在籍した実働7年間の成績は494試合出場、336安打、67打点。打率2割7分9厘。この成績を見ても、とても一流の選手とは言い難い。

もちろん、現役時代に実績のない人間が「名監督」と称された事実がないわけではない。上田利治《うえだとしはる》、伊原春樹《いはらはるき》、西本幸雄《にしもとゆきお》等は選手としてのさしたる実績がないにもかかわらず、名監督の称号を獲得している。

最近では、2010年シーズンからスワローズの指揮を執った小川淳司《おがわじゅんじ》もその部類に入るだろう。

しかし、彼らは長期間、コーチとしての実績を積み上げ、その手腕を磨いた後に監督の座を獲得した人たちである。

つまり、栗山のようなまったく指導歴のない人間が、突然、監督の座に座るのは、少なくとも日本のプロ野球界においては例外中の例外なのである。

一方、メジャーリーグの場合はどうだろう。現役時代に栄光を勝ち取った監督は間違いなく少数派である。選手としてまったくキャリアのない、下積みで苦労を重ねた叩き上げの人間が名監督に昇り詰めた例は枚挙に暇がない。

例えば、トニー・ラルーサである。彼は11年シーズン、セントルイス・カージナルスを世界一に導いた後、監督を引退する。33年に及ぶ監督業での勝利数は２７２８勝、ワールドシリーズに6度進出し、３度優勝、しかもア・ナ両リーグでタイトルを獲得している。

しかし、彼の選手としてのキャリアは実働6年、わずか１３２試合しか出場しておらず、生涯たった35安打、打率1割9分9厘のほとんどキャリアのない選手だったのである。

あるいは、史上初のア・ナ両リーグでチームを世界一に導いた伝説上の名監督スパーキー・アンダーソンに到っては、選手としてのメジャー経験は１９５９年のたった1年だけであり、打率2割1分8厘の成績しか残っていない。

つまり、監督としての力量は、すべてコーチとしての叩き上げのキャリアによって成り立っているのだ。

采配能力こそリーダーに求められる資質

しかし、現役時代に輝かしい栄光で飾られた名選手とて、ひとたび監督になれば、情け容赦のない実績至上主義の中でたくましく生き抜いていかなければならないのは、紛れもない事実である。いかに現役時代に凄い実績を残した名選手上がりの監督でも、成果が上がらないと即刻首が飛ぶのがプロの世界なのだ。

結論はこうだ。プロ野球の監督という職業は、過去の選手としての実績はまったく問われない。もっと言えば、監督以前に務めていたコーチとしてのキャリアも問われない。問われるのは、ただ監督としての実績だけ。

持てるあらゆるノウハウと知識を駆使して、理屈抜きにチームを勝利に導くこと。それこそがスポーツ界のみならず、ビジネス界のリーダーに課せられた責務なのだ。

監督就任の記者会見で、栗山はこう語っている。

「怖さしかないですね。責任が重いというのが今の心境です」

栗山にはスポーツキャスターとして外野席から野球を見てきたというキャリアがある。しかし、考えてみれば、プロ野球の監督というのは割の合わない役回りである。うまくいって当たり前。うまくいかなくなると、途端に不協和音がチーム内に飛び交い、監督は真っ先にバッシングの対象となる。極端な場合、左遷されたり、首が飛んだりすることも珍しくない。

ファイターズの主力選手、例えば、稲葉篤紀《いなばあつのり》、小谷野栄一《こやのえいいち》、金子誠《かねこまこと》、二岡智宏《におかともひろ》などは、野手としての実績は明らかに栗山よりも上。つまり、プロ野球選手として、格が上である。そんな彼らを使いこなしてこそ名リーダー足り得るわけである。

「格」という言葉はどんな社会にも、いまだに厳然として存在するのも事実。しかし、もはやリーダーの資質は格で決まるものではない。その考え方は明らかに時代遅れ。〝プレーする能力〟と〝采配する能力〟はまったく別物なのだ。

むしろ現役時代に偉大な実績を挙げたプレーヤーほど、自分は当たり前に華麗なプレーがで

きたから、自分以外の選手も当然できるという思い込みが存在する。つまり、選手への思いやりが不足することが多いのだ。

それだけでなく、一流でない選手と比べ、現役時代に悩みを抱えた経験が少ないため、指導という立場からの目線で悩む機会が圧倒的に少ないし、悩みに関する耐性も不足している。結局、自分にとって不都合なことが起こると、すべてそれをコーチ任せにして、選手とのコミュニケーションをあまりとらない監督に祭り上げられるケースも珍しくない。

もう一度繰り返そう。選手としてのパフォーマンスと采配能力はまったく関連性がないと言えば語弊があるが、ほとんど無関係なのである。それどころか、逆に、下積みの苦労を味わった選手のキャリアがリーダーとしての采配能力に味方してくれることも、珍しくない。

栗山がルーキー監督としてどれほど悩んだかは、彼の自著『覚悟』（ＫＫベストセラーズ刊）をお読みいただきたいが、その本の中でこんな悩みを漏らしている。

「人生50年、いまほど必死になったことはない。現役時代は必死じゃなかったのかとい

う と決してそんなことはないが、間違いなくあの頃よりも、いまのほうがはるかに必死だ。あの頃も命がけだったけれど、いまはもっと命がけ。毎日、命を削っているという実感がある」

考えてみれば、リーダーとは、命を削る職業である。毎日が崖っぷち。修羅場をどれだけくぐったかが試される。

監督としての栗山の人生は、今、始まったばかり。しかし、この一年、命を削られるような思いの繰り返しの日々であったことは間違いない。そして、彼は見事にそれを乗り越えた。

あなたにも、辛いことを体験することを快感にしてほしい。辛いことをなんとかくぐり抜けることにより、私たちの心の中に、はじめて充実感が生まれてくる。

順風満帆なんて面白くもなんともない。接戦を繰り返しながらチームをレベルアップしていく過程が面白いわけである。もちろん、最終的に頂点を極められれば言うことはない。しかし、それはあくまでも副産物に過ぎない。辛いことを快感にできるリーダーだけが一流なのである。

期待すればメンバーは応えてくれる

栗山によって12年シーズンにブレイクした典型例は吉川光夫《よしかわみつお》で間違いないだろう。彼がダルビッシュ有の穴を埋めてパ・リーグ制覇に貢献したことに、誰も異を唱えないはず。吉川は07年に広島の広陵高校から高校生ドラフト一巡目で入団した。しかし、吉川は11年シーズンまでの５年間でたった６勝しかしていない。しかも、それはすべて入団した07年（４勝）と08年（２勝）の勝利であり、09年から11年までの３年間は１勝もしていない。

その投手が12年シーズンに変身する。14勝５敗、防御率１・７１。パ・リーグ最優秀防御率、最優秀選手のタイトルまで獲得したのだ。

吉川の躍進の転機は、栗山英樹の監督就任であったことは間違いない。栗山は吉川を見て、制球のことは一切口にせず、「いい球じゃないか」と絶賛。しかし、褒めるだけではなかった。監督に就任してまもなく、栗山は吉川に向かってこう言い放ったという。

「今年ダメだったら、ユニフォーム脱がすよ。転職は早いほうがいい。腕を振って強いボールを投げてくれ」（「Ｎｕｍｂｅｒ」12年12月号より）

この言葉に吉川は発奮した。栗山は、吉川に切迫感を与えることによって馬鹿力を発揮させる作戦に出たのである。そのとき、吉川にしても、「プロに6年間いて、このままでいいのだろうか？」という疑問が心の中に去来していたという。

母校・広陵高校の野球部監督、中井哲之はこう語っている。

「吉川なりに苦しみながらも成長してきたところで、栗山監督に期待をかけてもらい、いい言葉ももらったのでしょう。吉川は真面目で責任感も強い。いろんな条件やタイミングが重なって、今の活躍があると思いますよ」（「ｗｅｂ Ｓｐｏｒｔｉｖａ」12年6月23日付より）

ファイターズの監督に就任した後、ダルビッシュ有の抜けた穴を埋めるのは吉川しかいないという確信があったはず。事実、12年シーズンが始まる前のことを思い出して、栗山はこう語っている。

「何でおまえ勝てないの？　って感じでしたから。それぐらいのボールは持っていた。目標達成のためには、期限を設定しないといけませんからね。驚いたような顔をしていましたけど、本気なのは伝わったと思いますよ」（「Ｎｕｍｂｅｒ」前掲号より）

リーダーのメンバーへの期待は、即ちリーダーのメンバーへの愛情である。自分がどれだけメンバーに期待しているか、その思いをありのまま伝えるスキルを、リーダーは磨かなければならない。なかにはこう反論するリーダーの方もいるだろう。

「成果を上げないメンバーに、期待の言葉をかけることには無理がある」

たしかに、この論理はある意味正しいかもしれない。しかし、期待とは、未来を見据えて行う行為であり、リーダーなら、成果を上げていないメンバーにこそ、将来成果を上げられるように期待すべきである。そのためには、ふだんから、彼らの言動をつぶさに観察して期待の種を探し出す。これもリーダーにとっての大切な資質である。

リーグ制覇を果たした後の記者会見で、吉川は栗山についてこう語っている。

「監督が常に僕の背中を押し続けてくれるので、本当に監督に感謝したいです。『(ユニフォームを脱ぐ) 覚悟を持って1年やってみてどうなるか?』と監督に言われたので、僕自身も監督から言われた時の気持ちをマウンドで出せれば良いなと思って、常にマウンドに上がっています」(「ファイターズ－パ・リーグ優勝2012・オフィシャルグラフィックス」北海道新聞社編より)

これこそ、たとえ実績がなくてもリーダーが褒めてその気にさせれば、メンバーは潜在能力を見事に発揮して頑張ってくれる好例である。

成果を上げたら理屈抜きに褒めてやる。そして実績のある人間に期待する。それはリーダーとして当たり前のこと。しかし、それだけではリーダーの役割を全うしているとはいえない。

リーダーの真の仕事は、成果の出ない人間に期待し、励ますことである。それを放棄することは、極端に言えばリーダーの大事な仕事を放棄していることになる。

実績のない人間に精一杯の期待をし続けることにより、そのメンバーは自発的にモチベーションを上げて頑張ってくれるようになる。そして、自分の情熱を仕事にぶつけて、最終的に大きな成果を上げてくれる。

メンバーを本気で叱咤激励する

ダルビッシュ有の抜けた穴を埋めたもう一つの要素は、中継ぎ陣の踏ん張りにある。増井浩《ますいひろ》俊《とし》と宮西尚生《みやにしなおき》の活躍なくして12年シーズンのファイターズのリーグ優勝は語れない。

まず、増井である。中継ぎでの活躍はもちろん、武田久《たけだひさし》の離脱中には守護神としての役割をきっちり果たすなど、ファイターズ投手陣にあって大きな役割を果たした。それだけでなく、リーグ新記録の50ホールドポイントを記録し、最優秀中継ぎ投手のタイトルを獲得した。「八回の男」として常に目標にしてきた駒沢大学の先輩・武田久が06年に記録した45ホールドポイントを塗り替え、チーム歴代1位にも輝いた。

一方、宮西も3年連続60試合登板を果たしただけでなく、39ホールドポイントを挙げ、中継ぎでの大きな貢献をした。8月18日には、7回を三者凡退に抑え、プロ野球17人目、ファイターズでは武田久以来2人目となる100ホールドポイントを達成。

ことあるごとに栗山は、「中継ぎ陣に無理をさせ、迷惑をかけている」という言葉を発して彼らを労った。

栗山は、選手を本気にさせる言葉力を12球団のどの監督よりも高く持っていると、私は考えている。例えば、オープン戦終了時には、「いい投手だから厳しくいく。1年間は褒めない」と吉川に向かって言い、4月22日に7回無失点と好投しても、「俺がイメージしている吉川はもっと上。まだまだです」と、愛情と期待を込めて叱咤激励した（「web Sportiva」12年6月23日付より）。

メンバーはリーダーの理屈や論理では動かない、と考えたほうがよい。リーダーの熱気がメンバーを動かすのだ。

リーダーなら、ときにはメンバーへの厳しい叱咤激励を忘れてはいけない。陰湿、かつ感情的に叱咤するからメンバーに反発されるのだ。愛情を込めてそのメンバーの成長を願うこと、それを言葉に込めて厳しく律すれば、彼らはついてきてくれる。

リーダーとて生身の人間である。メンバーに言いにくいことは山ほどあるはず。しかし、それを伝えることを躊躇してはいけない。チームを進化させるためには、まず率先してメンバーを進化させなければならない。メンバーの意識を変えるためには、褒めるだけでは不十分。ときには本気で叱咤激励することが不可欠なのである。

叱咤激励してメンバーの心に変化をつくり出すのが、リーダーの責務。そういう想いが栗山にはあるから、吉川に対して厳しい表現で変化を求めたわけである。

ときには、自分の思いを叱咤激励の中に込め、メンバーに意識の変化を促そう。それだけでなく、自発的にメンバーに考えさせ、新しい行動に移るきっかけをつくる。これこそ名リーダーの証なのである。

ただし、叱咤激励をするときに忘れてはならないことがある。それは「叱った後に、褒め言葉や激励で締めくくること」。これに関して、心理学者アロンソンとリンダーによる実験がある。まず、サクラの面接官と面接者が面接をする。

それが終わってから、面接官が第三者に向かって面接者の評価をし、それを録音する。第三者はその録音テープを面接者本人に聞かせ、「面接官への好意度」について語ってもらうという実験である。その結果、面接者の面接官に対する好意度は、その録音テープの内容に大きく影響されたことが判明した。

その結果、もっとも好意度が高かったのは、面接官が最初はけなしたけれど、後で褒めた場合であった。

次に、一貫して褒めたとき。

その次が、一貫してけなしたとき。

驚いたことに、最も好意度が低かったのは、褒めた後でけなした場合だったのである。

叱りの後、期待を込めて激励すること。リーダーなら、このスキルを忘れてはいけない。

少々きつい言葉であっても、本気で自分の熱いメッセージをメンバーに訴えれば、メンバーは必ずその言葉を受け入れてくれる。それだけでなく、その言葉は彼らの心に点火する。

つまり、メンバーの心に火をつけるのがリーダーの責務なのである。

「メンバー自身のパフォーマンスを上げるのはメンバーの責任であり、オレが知ったことではない！」と、だんまりを決め込むリーダーがいる。

このチームのメンバーの心はバラバラであり、無論、リーダーとメンバーの間の友好関係が構築されることはない。チームのメンバー間のつながりは、ただ仕事においてのみの表層的なものでしかなく、心の交流はそこには存在しない。もちろん、このチームのリーダーがメンバーに慕われることはない。

シーズン終了後、成績の芳しくない選手を呼びつけ、「きみは来年のチームの構想に入っていない」と告げて首にすることは簡単である。しかし、それではリーダー失格である。

与えられた陣容で、最大パワーを発揮させるためには、栗山のように期限をつけて選手の心の中に切迫感を植えつける。それによって、選手の心に火をつける。それがリーダーにとって不可欠の資質である。

そのためには、リーダーたるもの、栗山のようにメンバーに自らが進化することの大切さを徹底して促さなければならない。メンバーに自らの変化を求め、それを丹念にチェックし続ける。これこそ、リーダーが忘れてはならない大切な役割なのである。

敢えて重圧のかかる仕事をさせる

ルーキーイヤーの出来事の中で避けて通れないのが、「なぜ栗山は、斎藤佑樹《さいとうゆうき》を開幕投手に指名したのか？」という話である。そのことについて、彼はこう語っている。

「高校時代からずっと見てきたけど、まだ本当の良さが出てない。追い込むほど力を発揮する。佑樹の潜在能力を引っ張り出すという使命感があった」（「Ｎｕｍｂｅｒ ｗｅｂ」12年３月29日付『野ボール横丁』より）

実は、オープン戦のかなり早い時期から、栗山は「先発は斎藤!!」を示唆していた。そのことについて、彼はこう語っている。

「前の年、二桁勝利をあげた投手が３人残っているなか、（斎藤は）たった６勝しかあげていない、２年目のピッチャーを開幕投手に指名できるのは自分しかいないだろう。でも、これに勝てれば、大エースが抜け、戦力ダウン必至とも言われていたチームに必ず勢いが生まれると思ったのだ」（『覚悟』ＫＫベストセラーズ刊より）

11年シーズン、二桁勝利を上げたピッチャーは、メジャーに行ったダルビッシュ有以外に、武田勝《たけだまさる》、ボビー・ケッペル、ブライアン・ウルフと三人いる。もちろん、開幕投手の最有力候補は武田勝であることは言うまでもない。

しかも、斎藤の11年のルーキーイヤーの成績と言えば、ローテーションを守ったと言えるかどうかギリギリの活躍であり、6勝6敗、防御率2・69の成績は、明らかに他の先発ピッチャーと比較しても見劣りする成績である。

栗山の頭の中には、「開幕戦」という、いわばプロ野球が最も注目を浴びる一大イベントに、知名度が高い斎藤を先発マウンドに立たせるということは、マスメディアのみならずファンサービスとしても格好の話題となるという成算も働いていたことは否定できないだろう。もちろん、栗山は開幕投手候補ナンバー1だった武田勝に、このことを伝えることも忘れなかった。武田が快く受け入れたことは言うまでもない。

そして迎えた3月30日、開幕戦である埼玉西武ライオンズ戦。斎藤は栗山の期待に応えて快投を演じる。それに応じるかのように、ファイターズ打線も13安打9得点と大爆発、斎藤を支援する。結局、斎藤は9回を投げ切り、110球、被安打4、失点を1に抑えて勝利投手に輝いた。

試合後、斎藤はその完投勝利を振り返って、こう語っている。

「初回に3点取ってもらえたのが一番の（勝利の）要因です。経験したことのないプレッシャーがありましたが、稲葉さんをはじめみんなが声をかけてくれて落ち着くことができました。最後まで投げ切ることができ、今シーズン初登板で自分の方向性を示すことができて良かったと思います」（「北海道日本ハムファイターズ・オフィシャルＨＰ」12年3月30日付より）

もちろん、試合後、栗山は斎藤を讃えることを忘れなかった。

「斎藤は今日だけは褒めてあげたいね。プレッシャーの中でよく頑張った。チーム全員の思い、斎藤を勝たせるんだという思いが強かったと思う」（「北海道日本ハムファイターズ・オフィシャルＨＰ」12年3月30日付より）

メンバーを進化させるには、敢えて期待しているメンバーに重圧を与え、プレッシャーをかけてやること。

キャリアの浅いメンバーほど、できるだけ早い時期から敢えてプレッシャーのかかる仕事を任せればよい。修羅場をくぐらせることでしか、メンバーは成長しないと考えたほうがよいのだ。

プレッシャーのかかる開幕戦に斎藤を先発させることにより、結果を出せばそれが自信につながることを栗山は知っていたからこそ、この勝負に彼は賭けたのだ。ただそれだけである。そしてそれは見事に実を結んだのである。

厳しい環境に放り出して見守る

ここで12年シーズンの斎藤の成績を振り返ってみよう。プロ野球の開幕戦で初完投勝利を記録したのは１９６２年の柿本実《かきもとみのる》（中日ドラゴンズ）以来50年振り。パ・リーグでは１９５０年の榎原好《えばらよしみ》（毎日オリオンズ）以来62年振り二人目という快挙である。

そして４月20日の対オリックス・バファローズ戦で、斎藤は初完封勝利を挙げる。上々のスタートである。しかし、６月６日の対広島東洋カープ戦（札幌ドーム）で自身の誕生日をバースデー勝利で飾るも、以来６戦連続で勝ち星から遠ざかるなど成績不振に陥る。

とくに、７月13日のＫスタ宮城での後半戦最後の登板では、東北楽天ゴールデンイーグルスのエース田中将大《たなかまさひろ》との投げ合いとなるも、６回を投げて７つの四死球を与え、自責点５を献上。そして後半戦、７月29日の対オリックス・バファローズ戦で、斎藤は４回途中、７安打６失点でＫＯされ、翌日の７月30日に出場選手登録抹消となった。

２軍でも７試合に先発し１勝５敗、防御率５・０５と結果を残せなかったが、９月29日に２か月ぶりに１軍へ復帰。１試合中継ぎ登板した後、10月５日の東北楽天ゴールデンイーグルス戦に先発するも、４回2/3を６失点と打ち込まれ、８敗目を喫し、翌日に登録を抹消されレギュラーシーズンを終える。シーズン通算での成績は、19試合に登板して５勝８敗、防御率３・９８。

「泣いて馬謖《ばしょく》を斬る」という言葉がある。「規律や秩序を保つためには、たとえ愛する者であっても、違反した者は厳しく対処すること」だが、これは栗山が斎藤に抱く気持ちとは明らかに違う。

栗山が斎藤に抱く感情は、「まだまだ斎藤には潜在能力がある」という愛情であり、むしろ、「可愛い子には旅をさせよ」という心境に近い。

この格言の意味は、「我が子が可愛いなら、親の元に置いて甘やかすことをせず、世の中の辛さや苦しみを経験させたほうがよい」というもの。

期待に応えられない斎藤の状況について、栗山はこう語っている。

「斎藤はまだ本気になっていない。尻に火がついていない。2年目云々じゃなくて、いましっかりしないと、本当に先なんてない。プロはそんなに甘い世界じゃないから。自分で気付いてやってくれないと、本当に『やばい』と思って必死になってやってくれな

いと、なんにも変わらない」（『覚悟』ＫＫベストセラーズ刊より）

結果が出ていないメンバーに危機感を持たせて発奮させる工夫をするのも、有能なリーダーの共通点。過保護もダメなら、もちろん、放任もそのメンバーの成長を遠ざけてしまう。

あなたは親という字に込められた意味を知っているだろう。「親」という字は「木」の上に「立って」「見る」と読める。その距離感が大事なのである。

あるいは、過保護の親鳥がおせっかいで自分のクチバシで卵の殻を割ると、まだ外界に順応できない雛鳥は死んでしまう。雛鳥が自分のクチバシで卵の殻を割れるまで我慢強く待つことも大事なのである。

甘やかすのではなく、敢えて厳しい環境に送ってそのメンバーが必死になって成果を上げるときを待つ。そういう心境を持って見守ることが大事なのだ。

時代の趨勢《すうせい》か、リーダーシップ論の本を見ても、メンバーに厳しく接することの大切さを説く本は明らかに20世紀よりも減っている。

私自身もプロスポーツ選手のメンタル面をバックアップしているが、日本のアスリートは恵まれ過ぎである。それほど活躍していないにもかかわらず、スポンサーがついてハングリーさがなくなり、それ以降スランプに陥る選手は珍しくない。

あたかも動物園の虎のように、餌を何不自由なく与えられるため、自ら獲物を獲ることができなくなる。これでは日本国内ではお山の大将になれても、世界では絶対に通用しない。敢えて厳しい環境に部下を放り出すのも、メンバーに対するリーダーの愛情の一つなのである。

第2章

眠れる潜在能力をいかに引き出すか

リーダーなら、なんとしてもチームを勝利に導け

栗山は色紙にサインを求められると、「夢は正夢」と綴るという。そこから、「なんとしても自分の定めた夢を実現したい」という欲望が見てとれる。

新たに組織のリーダーになったとき、真っ先に「ミッション」を掲げなければならない。ミッションとは、崇高な志のことをいう。それも、心の底から湧き上がってくるものでなければならない。

もちろん、チームのミッションだけでなく、個人のミッションも存在する。一人ひとりが定めた自分のミッションに向かって進むことにより、結果的にチームのミッションが実現できれば言うことはない。

栗山にとっては、ファイターズというチームを日本一に導くことこそ、ミッションであったはずだ。それは、あともう少しのところで実現できず今年に持ち越されたが、その一歩手前まで到達できた達成感が、彼にはあったに違いない。

理屈でなく、リーダーの使命はチームを勝利に導くこと。

監督としてルーキーイヤーの２０１２年シーズンに、栗山はこのことを片時も忘れていなかったはず。

12年の日本シリーズは、読売ジャイアンツが４勝２敗で北海道日本ハムファイターズを破り、日本一に輝いた。日本シリーズの勝負が決した第６戦。栗山は目の前でジャイアンツ監督の原辰徳《はらたつのり》が胴上げされているシーンを見る。

「何十年ぶりに、ものすごい悔しさを感じた。なぜ、あそこで俺が宙に舞っていないのか、という思いもあった」（「東京新聞」12年12月30日付『こちら特捜部』より）

栗山はこみ上げるものを抑えながら、三塁ベンチ前でそのシーンを目に焼き付けていた。やるべきことはやった。延長15回制にもかかわらず、ファイターズは9回までに、すでに野手16人を使い果たしていた。敗戦が決まった瞬間、栗山は全力を尽くした選手たちと抱擁し、「もう1回、もう1試合やらせたかった」と涙ぐんだ。

試合後、栗山はこう語っている。

「勝者は歴史を作れるけれど、敗者は美談に終わってしまう。やられたら意味がないんでね、ファンの皆さんに申し訳なく思います。勝ち負けは別に何とかこの空気の中でもう1試合、選手達にプレーしてもらいたかった。命がけで生きてきたつもりで、一つのことだけを考えて学ぶことの多かった1年はなく、何十年ぶりかでこんな悔しい思いをした。選手は前進してくれたし、歩みを止めないようしっかりチームを作っていきます」（「北海道日本ハムファイターズ・オフィシャルＨＰ」12年11月３日付より）

このコメントには、栗山の悔しさが滲み出ている。シーズン就任前、「栗山のようなロマンチストには、プロ野球の監督は務まらない」というバッシングがマス・メディアを賑わした。しかし、栗山ほど下積みの選手の活躍に目を潤ませ、一方で、ふがいないプレーをする選手に怒りを表す監督を探すのは、難しい。

例えば、吉川光夫である。紛れもなく彼は、12年シーズンのパ・リーグ優勝の立役者の一人。その吉川が日本シリーズ初戦で炎上する。３回までは、ジャイアンツに得点圏に走者を進められながら無失点にしのいでいたものの、４回に坂本勇人《さかもとはやと》、阿部慎之助《あべしんのすけ》の連打で先制点を許す。２死を奪うも、ボウカー選手に高めの変化球を右翼席に運ばれて４失点。日本シリーズ特有の雰囲気に呑まれ、本来の良さを発揮し切れずに、その回でマウンドを降りる。76球でのノックアウト。結果は１―８でジャイアンツに軍配が上がる。

試合後、栗山は吉川に対してこう苦言を呈した。

「なぜ、打たれたのか、その理由に自分で気付かなくちゃいけない。打たれるにもいろんな理由がある。クセが出る、配球がパターン化する。そうしたことをセ・リーグのチームは決定的に分析してくるからね。だからこそ、満足しちゃいけない。もっとピッチングの一つ一つの精度を高めなくちゃいけないということを、野球の神様が吉川に教えてくれた日本シリーズだったのかもしれないね」（「Ｎｕｍｂｅｒ」12年11月号より）

栗山はあくまでも知的なリーダーなのである。勝った、負けたで気持ちを切り換えるだけでは何も前に進まないことを彼は知っている。

自分の信念を徹底して貫き通す

メンバーの成果に対し、過剰反応するリーダーがいる。たしかに成果を上げることは大事である。しかし、ラッキーなことが重なって勝つ場合もあるし、反対にいくら良いプレーをしても、相手がもっと良いプレーをしたら、勝ち目はない。たとえチームがラッキーで勝ったとしても、そこから得られるものはほとんど何もない。

リーダーに言及されるまでもなく、メンバーは自分の成果のことについて、痛いほど自覚している。しかも、結果というものは、もはやたんなる過去の数字に過ぎない。負けて悔やんでも後の祭り。

そのことをメンバーにとやかく言ったところで、得るものよりも失うもののほうが多いことを、リーダーは肝に銘じるべきである。

勝ち負けのことはひとまず横に置いて、考えることは「すべてプレーに反映させたか」「やるべきことはやり尽くしたか」、そんなことをテーマにして、リーダーは自分自身だけでなくメンバーにも反省を促せばよい。

もっと言えば、勝ったとき、あるいは好調のときにこそ、そのメンバーの問題点を指摘すべきチャンスなのである。そうすれば、彼らはその指摘を快く受け入れてくれるはず。

反対に、負けたときには、しっかりその奮闘ぶりを褒めてやろう。褒めたり、叱ったりするにもタイミングが大事なのである。つまり、褒めにせよ、叱りにせよ、「何を」ではなく、「いつ」が大事なのである。

リーダーなら、徹底してメンバーに考えさせる意識を植えつけよう。もはや、リーダーの言う通りにしか動かないメンバーで構成されたチームは、生き残れない。

一人ひとりのメンバーが自主的に考える。そういう意識の大切さを説き続け、メンバーに植えつけるのがリーダーの仕事である。

もちろん、部下の失敗を見過ごしてはいけない。たとえ嫌われ役になってもいいから、勇気を出して、きっちりと指摘してやる。それが徹底していないチームのメンバーは、同じ過《あやま》ちを繰り返す。有能なリーダーはこれを恐れるから、うまくいかなかったときの理由をしっかりメンバーに考えさせることを徹底できる。

メンバーが失敗したとき、リーダーがやらねばならないアクションがある。それは「失敗から学ぶことの大切さをメンバーに教えること」である。

失敗した後、気持ちを切り換えて再チャレンジするだけでは、何も解決しない。失敗したとき、その問題点を反省して次に備える。リーダーならこのことに対し、メンバーにきっちり釘を刺さねばならない。

失敗したメンバーに「反省する気持ちがない」のではない。彼らが「気づかない」ことのほうが多いのだ。

具体的に前に進むためには、失敗を叱るだけでなく、その失敗の原因を探らせて打開策を練ることの大切さを繰り返し説かねばならない。

そのためには、リーダーたるもの、自分の信じたことをきっちり伝えることが求められる。

『なぜ、上司の話の7割は伝わらないのか』を著した小倉広さんは、こう語っている。

「自分が正しいと思うことだけをしっかりと見て、ぶれずに行動する。そんな信念を持った一貫性のある上司に部下は安心し、また、信頼を寄せます。ぶれないためには、『人を相手にせず、天を相手にする』ことです。上司は、部下や経営者、お客様に一喜一憂するのではなく、天、つまり『人としての正しい道』を見据えて行動します」

自分の信じた道を突き進む。これは強い。迷ったとき、「これは果たして正しい道なのか？」と天に聞いてみよう。そして、自分が正しいと信じたやり方を貫き通す。ただし、もしそのことを行使してメンバーに反発されたとき、その理由を受け止めて自分にしっかりと問い直すことも忘れてはならない。

メンバーとの信頼関係を良好なものに維持することを最優先させながら、自分の信念を貫き通す。

栗山のような心構えを持ってメンバーに接することができれば、あなたも堂々と胸を張ってメンバーを導いていけるようになる。

捨て身の覚悟がメンバーを覚醒させる

実は、栗山はジャイアンツとの死闘に敗れた後、監督室の机に忍ばせていた辞表を提出している。リーグ制覇を成し遂げた監督としては、考えられない行為である。そのことについて、栗山はこう語っている。

「辞表を提出しました。目標に掲げた日本一を逃したなら、進退伺いを出さなければいけないのがプロ野球の監督という仕事だと思います。『負けたけどよくやった』はいらない言葉。『リーグ制覇したからいいじゃないか』と言われますけど、僕でなければもっと勝てていたかもしれない。その思いはずっとある」（「ＤＩＭＥ」12年12月18日号より）

この覚悟があったから、ファイターズはルーキー監督の元でリーグ制覇を成し遂げることができた。リーダーなら、辞表を書き、いつでもそれを出せる覚悟で、チームを勝利に導かなければならない。

自ら退路を絶つ。そういう悲壮感を持ってリーダーが臨めば、黙っていてもメンバーが潜在能力を発揮してくれる。

そう言えば、東北楽天ゴールデンイーグルス監督の星野仙一も〝1年契約のリーダー〟である。

リーダーとしての必死さは、自分を追い込まなければ現れてこない。どこかに逃げ道を用意していると、妥協や言い訳だけしか出てこない。

自らを追い込む、そんな栗山の心理を象徴する言葉がある。

「いま監督である自分が言うと語弊があるかもしれないが、正直、監督なんて二度とやりたくない、とすら感じるときがある。それくらい毎日やり尽くしているし、自分にはもう何も残っていないと思えるくらい、出し尽くしている。もしやりたいと思う自分がいるとしたら、それはやり残したことがあるか、それとも気持ちのどこかで自分のためを考え始めているか、どちらかだ」（『覚悟』KKベストセラーズ刊より）

率先してリーダーは、自らを追い詰めている姿勢を見せる。そうすれば、それはすぐにメンバーに伝わり、彼らもその意気に感じ、自分の持てる能力を目一杯発揮してくれる。メンバーは、リーダーの本気さを肌で感じ取ってくれるのだ。

実は、栗山のシーズン中の平均睡眠時間は４時間だという。ゲームが終わって自室に戻ってからも寝る間を惜しんで、翌日のゲームについて思索を重ね、相手チームの攻略法を練る。「命を捧げる」と表現すると大袈裟に聞こえるかもしれないが、それくらいの気概で仕事と格闘しなければ、生き残れるチームのリーダーに成り得ない。

「北海道にいるのに、何を食べてもおいしくないし、野球以外のことにまったく興味がなかった。勝つこと以外は何も楽しくなかったし、勝つことだけが唯一の気分転換でした。独身で良かったと思います。すべてのことを捨てて、野球のことだけ考え続けられたので」（「ＤＩＭＥ」12年12月18日号より）

「勝ったら選手のおかげ。負けたら全部、俺のせいだから」（「週刊ベースボール」12年11月４日臨時増刊号より）

この口癖からも「失うものは何もない。寝ても覚めても野球のことだけ」という栗山の覚悟が見え隠れする。

逆境に陥っても決して弱音を吐かない

12年日本シリーズの第2戦でアクシデントが発生する。ファイターズ4番の中田翔《なかたしょう》が初回第1打席に死球を受けてしまうのだ。ジャイアンツの澤村拓一《さわむらひろかず》の投じた149キロのストレートを左手の甲に受けた。第2打席に立ったものの、あまりの痛さに中田は顔をしかめた。結局、この回で中田は退く。

このことについて、栗山はこう語っている。

「お前の痛みは関係ない。それでも何かできることはあるはずだから、オレはお前を外すつもりはないよ。そこから逃げずに結果を出せ!!」(『Number』12年11月号より)

事実、打撲と診断された中田は第3戦以降もバッターボックスに立ち続け、毎試合ヒットを打っただけでなく、第6戦にはチームを同点に導く3ランホームランまで記録する。

メンバーの妥協をまったく許さず、メンバーの尻を叩き続けるのがリーダーの役目である。メンバーを成長させるのも停滞させるのも、リーダーのアドバイスの匙加減一つで決まってしまうことも珍しくない。リーダーならそのことを肝に銘じなければならない。

極端な場合、リーダーの一言が、そのメンバーの運命まで左右することもあるのだ。もちろん、メンバーが困難な状況に見舞われたら、放っておかずにきっちりと勇気づけてあげることも忘れてはならない。

結局、第2戦を澤村が8回まで抑え、山口鉄也《やまぐちてつや》―マシソンの継投で完封負け。ファイターズにとって、0勝2敗は明らかに劣勢である。

ゲーム後、栗山はこう語っている。

「最後（9回）に見せ場を作っても勝たなければ何もないんでね。（武田）勝は相手に昨日の勢いで一気に来られる感じの中で、低めに集めてよく投げたと思います。（死球で途中交代した）中田は次に影響があると思うけれど、一日空いて次の試合は大丈夫でしょう。アウェーに出るよりホームに帰る方がいいに決まっているんでね、北海道に戻って0からきちっといけるように準備します。投手は良く投げたと思いますし、点を取れないと前に進めないんでね。打線が頑張って点を取りたいと思います」（「北海道日本ハムファイターズ・オフィシャルHP」12年10月28日付より）

逆境に遭っても、決して弱音を吐かない栗山のポジティブ志向がこの言葉から読み取れる。どんな状況でも、リーダーたるもの、弱音を吐いてはいけない。それどころか、逆境になればなるほど強気のコメントで押し通す。そんな態度がリーダーに求められる。

プロジェクトがうまくいかなかったとき、自分のことを棚に上げてメンバーを叱責するリーダーがいる。

「何であんな失敗するんだ！」

「うまくいかなかった理由を考え、反省しろ！」
「この失敗の責任を誰がとるんだ！」

こんなリーダーは、ちょっとした失敗で感情的になり、メンバーを叱り飛ばす。こんなリーダーがメンバーに慕われることはない。

結果志向ではなくプロセス志向を貫くことの大切さは別項でも述べているが、「メンバーの失敗に寛容になること」こそ、人として、リーダーは肝に銘じなければならない。

失敗は「チャレンジ」でなければならない

日本社会では、まだまだ減点主義、事なかれ主義が幅をきかせている。小さな失敗のペナルティが大きいのである。あなたは「ストライク」という使い古された言葉の意味を知っているだろう。しかしこの用語、日本の野球とメジャーでは、明らかにそのニュアンスが異なる。

日本の野球では、ストライクとは「ピッチャーの投げたある領域の球」のことをいう。つまり、ピッチャー目線でこの言葉を捉えている。一方、メジャーリーグでは「バッターが打つべき球」と捉えている。

本来「ストライク」とは、「バットでボールを打つ」という意味である。つまり、そこにボールが飛んできたら、バッターはバットを振らなければならないのだ。

この捉え方の違いは、両国の気質を如実に表している。日本はリスクを回避する減点主義。手柄はあまり評価されないが、小さな失敗でも大きなペナルティを課されてしまう。

一方、アメリカはリスクを冒して行動を起こすことを重視する。いわゆる加点主義である。もしもピッチャーの投げたストライクを見逃すバッターがいたら、メジャーでは即マイナー落ちの憂き目に遭うのだ。

これからの時代は、リスクを恐れず行動を起こさなければ、この競争社会ではとうてい生き残れない。リーダーなら率先してメンバーにチャレンジさせよう。

「失敗」という言葉の英訳は「ミステイク」ではない。ミステイクは「過失」である。例えばフォアボールで出塁してボヤッとしていてピッチャーの牽制球で刺された。走塁で全力疾走しなかったために外野からの好送球で本塁でタッチアウト。これは「してはならないもの」であり、明らかにミステイクである。

しかし、外野に打ったヒット性の当たりを相手チームの外野手にジャンピングキャッチされてアウトになった場合、これは失敗であるが、ミステイクとは呼ばない。失敗の正しい英訳は「チャレンジ」であり、果敢にやってうまくいかなかったことはミステイクではない。


リーダーなら、ミステイクとチャレンジをしっかりと分類して、メンバーにどんどん積極的に行動させるチームを構築しなければならない。


それではメンバーが失敗したとき、どのような対応をすればよいのだろう？

「次はうまくいくように頑張れ！」と背中を押してやればいいのだ。

もちろん、それには我慢が求められる。なぜなら、失敗の数と成し遂げる事柄の大きさは比例するからだ。失敗しないで達成できることなんて、たいしたことではないと考えていい。仕事で失敗は当たり前。それを次のチャレンジでより良い失敗に変えていけばよい。

ちょっとしたミスでメンバーを怒鳴りつけるリーダーがいる。そのミスが自分のマイナスになるから叱る利己主義のリーダーである。このタイプのリーダーは、自分の保身しか考えていない。

メンバーのミスは自分がかぶる。そういう覚悟がなければリーダーは務まらない。つまり、リーダーの責務は「部下を火の粉から守ってやる」こと、といっても過言ではない。

メンバーのミスによって得意先に迷惑をかけ、そのメンバーと一緒に謝罪にいくリーダーがいる。そして謝罪の席上、相手を前にして「だからお前はダメなんだ！」とか、「お前からしっかり謝れ！」と、メンバーを怒鳴りつけるリーダーがいる。このリーダーがメンバーに慕われることはない。

それどころか、このリーダーに仕えるメンバーは不幸である。リーダーがメンバーを入れ替えることはできても、メンバーはリーダーを選ぶことができないのだ。

ピンチになってうろたえるリーダーに、メンバーは決してついていかない。リーダーなら、たとえピンチに陥ってもジタバタしてはいけない。

「これはこれで良かった！」

「この失敗には学ぶことがたくさんあった！」
「次はきっと良いニュースが飛び込むはず！」

そんな言葉を平然とした表情で発するリーダーにメンバーはついていく。プロの世界なら、うろたえるシーンやジタバタするピンチは頻繁に訪れる。そこは平然と前向きに捉えて、次の機会にベストを尽くす。栗山という人間は、それができるリーダーなのである。

もう一度繰り返そう。たとえどんなピンチの状況に遭遇しても、ポーカーフェイスを維持して「これでよかった！」と強気を貫く。徹底して強気を貫くリーダーを演じること。それも欠かすことのできないリーダーの資質なのである。

逆境と戦っているメンバーをフォローする

実は、メンバーは見て見ぬふりをして、きっちりリーダーの表情を見ているもの。たとえ心の中ではアタフタしていても、毅然としているリーダーに、メンバーは安心してついていく。

負けゲームでも、「このゲームは収穫があった」と笑顔を絶やさないリーダーだ。

スポーツ界だけでなく、ビジネス界においても、チームが順風満帆な時期というのは、実はそれほど長くない。大抵は逆境の真っ只中に放り出されている。船で言えば、海原で荒波に揉まれている状態のほうが圧倒的に多いものなのだ。

船長であるリーダーがうろたえたとき、それはすぐにメンバーに伝わり、メンバー全員がパニックになってしまう。この船は、即刻座礁し、沈没する運命にある。

「大丈夫!」という言葉を口癖にして、どんな状況にあっても、自信満々の表情を絶やさないリーダーが慕われる。

メンバーの後押しをするだけでなく、メンバーが逆境に陥ったらすぐにフォローしてやる。

そして、メンバーのすべての失敗を自分がかぶるくらいの覚悟で精一杯メンバーをフォローし、バックアップする。これこそ有能なリーダーの共通点なのである。

こんなエピソードがある。シリーズ第3戦前にローテーションを任されている吉川光夫と武田勝が栗山の元に行き、「僕たちはいつでも行けます」と告げたという。

これは、二人で話し合った結論なのだが、とにかく自分たちの考えをそのまま栗山に伝えたかったのだ。それを聞いた栗山は、「そんなに無理をすることはない。体のほうが大事なんだから……」とつぶやいたという。

しかし、そこで吉川は引き下がらなかった。「（自分は）投げないほうが後悔するから、遠慮なく使ってください」と栗山に告げたのだ。

選手の采配権をがっちり握っている監督にとって、どこで投手を交代させるかは難しい問題である。ちょっと打ち込まれただけでその投手を見限るか、たとえ打たれてもそのまま我慢して続投させるか。そこに微妙な匙加減が求められる。

例えば、シリーズ第5戦、3回までに5失点を喫した吉川を栗山は交代させなかった。たしかに、持ち前の快速球が影をひそめ、日本シリーズ2試合で自責点9を献上した吉川は、栗山にとって一つの誤算であった。

しかし、吉川からすれば、「それだけ自分は監督に任されている！」という確信が心の中に強く存在していたはず。

すでに触れたが、基本的に日本のプロ野球では、まだまだトップダウン方式の指揮系統が貫かれている。采配権を握っている監督が交代を告げれば、「まだ自分は投げられる」と考えているエースでも交代を余儀なくされる。

なかには、「ピンチに陥ったとき、いつ交代させられるのだろうか？」と、頻繁にベンチの監督の顔をうかがう投手も少なくない。これでは、打者との一騎討ちどころではない。

過保護がメンバーの才能を奪い去る

メンバーに干渉し過ぎる過保護のリーダーほど、裁量権をがっちりと自分が握り、細かい指示を出すことに意欲を燃やす。つまり、このリーダーはメンバーを信用していないのだ。

それだけでなく、メンバーが失敗しないように、ことあるごとに事細かなアドバイスを延々と与え続ける。そういうリーダーの元で働くチームでは、自主性が影をひそめて、考える能力の欠如したメンバーが量産される。

もっと言えば、「細かいアドバイスをして自分の指示通りに動かすのがリーダーの仕事」という間違った考えを持っているから過保護の体質が抜けきれない。

極限すれば、このチームのリーダーは、メンバーが一人立ちしないことを、むしろ望んでいると言える。

監督だけでなく、コーチも、「選手にアドバイスすることが自分の仕事！」と錯覚して、あれこれ細かい自分のアドバイスを徹底することにより自己満足してしまう。このチームの選手は自立することができない。もちろん、このチームが過酷な競争社会で生き残っていくことなど不可能である。

監督やコーチの顔色だけをうかがう選手で構成されたチームは、もはや立ち行かない時代になっている。栗山のような「メンバーに任せるリーダー」だけが選手の信頼を勝ち取れる。

例えば、こんなことがあった。12年8月8日の対福岡ソフトバンクホークス戦。このゲーム、もつれにもつれて9回裏のファイターズの攻撃を迎えた時点で6―6の同点。

まず、1アウトから4番の中田がフォアボールで出塁。そして5番の稲葉が送りバント。6番の陽岱鋼《ようだいかん》が敬遠で、1アウト1・2塁、サヨナラのチャンス。ホークスの投手は左腕の森福《もりふく》允彦《まさひこ》。ファイターズはすでに代打の切札二岡を使っており、栗山は意外な起用に出る。調子を落としている杉谷拳士《すぎやけんし》を代打に指名したのである。

もちろん、ゲームに勝利することが最優先で取った選択であることは言うまでもないが、調子を落とし、やや意気消沈している杉谷にチャンスを与えて自信をつけさせる意図もあった。

その杉谷は見事に栗山の期待に応えてタイムリー・ツーベースでサヨナラを演じてみせた。お立ち台に登った杉谷は、「打った瞬間、『キターッ』という感じでした」とおどけてみせた。

人間にとっての最大のやりがいは〝達成感〟である。それは仕事にもまったく適用できる。

投手であれば「投げ切った」、野手であれば「ファウルで粘り抜いてヒットにした」という感覚である。その達成感もリーダーから任せられたという意識があって、初めて心の中から芽生えてくる。

もっと言えば、たとえ結果はうまくいかなくても、「リーダーが最後まで任せてくれた」という充実感も達成感なのである。仕事を通してメンバーが求めている報酬は、金銭よりも満足感や感動という報酬のほうである。

メンバーに裁量権を与えない過保護のリーダーにならず、メンバーに任せる度量の大きさを示すことも、彼らの達成感を育む上で避けて通れない。リーダーが過保護にならず、かなりの部分をメンバーに任せることにより、初めてメンバーの心の中に達成感が芽生えるのである。

どんな状況でもプロセス志向に徹する

栗山の強みは、選手の想いを引き出せること。これは、ただ自分のやり方を指示して服従させるだけのリーダーの仕事と対極にある。

栗山は「メンバーを信じる」という言葉を頻繁に口にする。「信じる」という言葉を口癖にすることにより、メンバーの心を動かすことができる。この言葉を多用することにより、一流のリーダーの仲間入りができるようになる。

例えば、12年6月27日の対東北楽天ゴールデンイーグルス戦で4―5と惜敗したときにも、ゲーム後のコメントで、栗山はこう語っている。

「けが人がこれだけ出る中でこういう結果が続くと（試練などというように）考えられてしまうから、きちっと勝ちたかった。（中略）みんなを信じて形を作っているんだから、けががあっても負けた理由にしたくない」（『北海道日本ハムファイターズ・オフィシャルHP』12年6月27日付より）

リーダーがメンバーを「信じる」という気持ちが「任せる」ことにつながり、それがチームを勝利に導いていく。

つまり、「信頼している」とか「信じている」という口癖を身につけることにより、メンバーの心の中に、「自分は監督に信頼されているのだから、もっと頑張らなくては……」という意識が自然に芽生えていく。

メンバーを信頼している意思をリーダーが示すことにより、結果的に、メンバーは気持ちよく働くことができるようになる。

「存在承認」と「成果承認」は覚えておいてよい心理学用語である。まず存在承認である。これは、そのメンバーがチームにいることを承認することであり、信頼することにつながる。

一方、成果承認とは、成果の上がっているメンバーは承認するが、成果の上がらないメンバーは承認しないことを意味する。

勝利するチームのリーダーは、間違いなく「存在承認」タイプである。「ベストを尽くす」ことを大義としてリーダーはメンバーを導いていく。しかも、このリーダーは逆境に見舞われて成果の上がらないメンバーにも、「ベストを尽くすことの大切さを説く」ので、このチームのメンバーは頑張れる。

これとは反対に、「成果承認」を優先させるリーダーのいるチームでは、成果の上がらない選手は有無を言わさず切り捨てられる。このチームの特徴は、プロセス無視の成果万能主義にある。当然のことながら、このチームのメンバーの心はバラバラであり、難しい業務を担当するメンバーから不満が上がる。冷飯食らいのメンバーが、リーダーに反旗を翻すことも珍しくない。

「存在承認」の大切さを強調しながら、自分の思いを熱く語る。そのことをメンバーに向かって伝えることにより、彼らは自分が期待されることに気づくようになる。それがメンバーの励みになって仕事で頑張れる。

リーダーなら「自分がプロセス志向を重視する人間である」ことをメンバーに熱く語ろう。そんなリーダーのいるチームがメンバーのモチベーションを引き上げ、それがチームを勝利に導く大きな要素となる。

第3章
聞く力、伝える力で心を通わせる

熱い思いを納得いくまで伝え続ける

とにかく、「コミュニケーション力」が栗山は凄いのである。コミュニケーション力こそ、メンバーに慕われるために不可欠な資質。彼は、自らのコミュニケーション力についてこう語っている。

「解説者にしろ、大学の教授にしろ、これまで『伝える』という仕事に一貫して取り組んできました。誰かに思いを伝えるというのは、自分でイメージすることの何倍も難しい。ですからシンプルな言葉で語りかけるのはもちろん、『熱さ』をもって積極的にコミュニケーションをとっていきます。最後は、結局、熱さしか伝わらない」（「Ｐｅｎ」12年2月1日号より）

どれだけ本音をぶちまけてメンバーとコミュニケーションをとることができるか。これこそメンバーの人望を勝ち取るリーダーの生命線。いくら仕事ができても、人望がなければ、そのリーダーはメンバーに足を引っ張られ、やさしい仕事も難しくなる。

一方、少々仕事の才能に欠けていても、人望のあるリーダーは周囲のメンバーが支えてくれるから、難しい仕事も易しくなる。

もちろん、栗山は「仕事ができ、人望もあるリーダー」であることは言うまでもない。しかし、実際問題として、自分よりもプレーヤーとして実績のある選手を使いこなすことは、それほどやさしいことではない。

試合前のチーム練習で、栗山はとにかく動き回る。打撃ケージの裏やベンチ、そして内外野とグラウンド中を走り回り、選手だけでなく裏方に至るまで、チームのスタッフ全員に声をかけることを欠かさない。

栗山にとってコーチ、選手やスタッフとの言葉によるコミュニケーションは日々の行動の支えになっている。もっと言えば、栗山の仕事ぶりそのものがコミュニケーションになっている。

栗山が、担当コーチとの対話で頻繁に口にする言葉がある。

「オレは現場スタッフの経験がないから」

という言葉である。

一人ひとりと密なコミュニケーションを図りながら、自らの熱い思いを納得いくまで伝え続ける。間違いなく、キャスターの経験がここで役に立っている。リーダーの本気さがメンバーに伝わらなければ、人はついてこない。結局、メンバーを引っ張っていくには、本気さが必要なのである。

メンバーが納得するのは、「何が」ではなく「誰が」である。同じことを言っても、誰が言うかにより、その説得力は月とスッポンくらい違うのだ。

リーダーは常にメンバーに「本気度」を試されている。「オレがこのチームのリーダーだ」といくら主張しても、言うことを聞かせることなどできない。「仕事のできるリーダー」と「人望のあるリーダー」は必ずしも一致しない。むしろ、相反することのほうが多いのである。

これまでの時代は、年長者という年齢の違いや肩書きというキャリアだけでメンバーがついてきた。たしかに、仕事ができるという資質は、少しはメンバーを納得させる要素になるだろう。

しかし、いくら仕事ができても、人望のないリーダーには誰もついていきたくない。最近の若いメンバーほど、とくにそうなのである。

古今東西、変わることなく、コミュニケーション力は人望を高める大きな武器である。栗山はこの武器を徹底して駆使することにより選手を動かしている。

絶対服従の精神を駆使して、リーダーの思い通りのやり方を強制的にメンバーに強いるか。

それとも、熱いメッセージを丁寧にメンバーに伝えて自発的な行動を促すか。

人望のあるリーダーが後者であることは、明らかである。この違いはあまりにも大きい。

プロ野球の世界では、監督は選手と直接的なコミュニケーションをあまり取らない風潮があるが、これは今の時代でもあまり変わらない。とくに、現役時代からスターと呼ばれる人間は、その傾向が強い。

周囲に持ち上げられ続けてきたためだろうか、妙なプライドが邪魔をし、選手との接触を最少限に抑え込んでしまう。結果、選手への大事な伝達事項をすべて腹心のコーチに委ねてしまうから、チーム内の風通しはどんどん悪くなり、監督の信頼は崩れていく運命にある。

そういう意味でも栗山は、いままでにない異色の監督なのである。強いて言えば、栗山に近いタイプの監督は、11年シーズンのヤクルトの快進撃を支えた小川淳司だろう。

小川の人物像に関しては、拙著『奉仕するリーダーシップ――小川淳司監督はヤクルトに何をしたのか』(小社刊)に詳しく書いたのでお読みいただきたいのだが、小川の場合、コーチ歴も長く、突然快進撃を演出したわけではない。

しかし、栗山の場合、1年目にして、しかも序盤からの快進撃である。こんな例は、長いプロ野球の歴史の中でもあまり見当たらない。

メンバーの目線まで降りていく

なかには、コミュニケーションを取ることには積極的だが、なんとなく後味の悪いリーダーがいる。とくに叱咤激励されたとき、リーダーの言いたいことはわかるのだが、何かひっかかるものが残る。しかし、栗山にはまったくそれがない。コミュニケーションを取った後、メンバーを元気にしてくれるのだ。

同じことを話しても、話す側の目線の高さで、後味の良し悪しは変わってしまう。「上から目線」か「同じ目線」かで、メンバーの受け取り方は、まったく違ったものになる。

それに加えて、メンバーに向かって、リーダーのグチは禁物。グチがリーダーとメンバーとの共感を阻害してしまう。

聞いた後、メンバーが気持ち良くなるように仕向ける。あるいは話し終えた後、メンバーが元気になれる。そういうコミュニケーション力を、私たちは栗山から学ばなければならない。

この接し方がメンバーの共感を生み出している。

就任1年目にして、すでに栗山は「栗山ファミリー」を形成しつつある。選手だけでなく、コーチ、スカウト、そして裏方までもファンにしてしまう。

明るいキャラだけでなく、誰にでも気軽に声をかける。威厳という一時代前のパワーを潔く捨て去った新時代のリーダーを、私たちは栗山に見ることができる。

しかも、栗山はあまり表に出ない。それは一時代前のリーダーが、メンバーをぐいぐい引っ張っていったのとは、明らかに一線を画す。

あくまでも主役はメンバーであり、リーダーはメンバーが生き生きと自らのパフォーマンスを発揮するシステムを、なんとしても構築しなければならない。そのためには、リーダーとメンバーの密なコミュニケーションが求められるのである。

「あの人についていきたい」と思わせるリーダーは、「結束力」を重要視する。そのためには、絶対的なコミュニケーションの量が不可欠なのである。

プロ野球の世界では、今やチームの総合力を競う時代になっている。そのため、個々の選手の技術力やゲームを勝利に導く戦略面の優位性だけでなく、チームの結束力がことさら求められている。ファイターズは、栗山をリーダーに迎えて結束力を強化できたからこそリーグ制覇を成し遂げられた、と私は考えている。

あのカリスマ啓蒙家ジョン・C・マクスウェルはこう語っている。

「自分が先頭に立っていると思っていても、後ろからついてくる人がいなければ、散歩をしているのと同じだ」（『これからのリーダーが「志すべきこと」を教えよう』三笠書房刊より）

つまり、メンバーを率いる仕事の力量に加え、魅力的な人間でなければ、これからの時代では、リーダーは務まらない。今までの「このリーダーに従ってさえいれば大丈夫」といったリーダーに依存するだけのチームでは、到底チームの勝利は望めない。

メンバーが自らの判断で、自分のパフォーマンスを最大限に引き上げるシステムを構築することは当たり前。その前に「尊敬の対象となるかどうか」という人間力がリーダーには問われるのである。

敢えて自分は裏方に回り、メンバーが目一杯自分のパフォーマンスを発揮できるように、彼らと頻繁にコミュニケーションをとりながら、四六時中チームを勝利に導くための具体案を思索し続ける。結局、そういうリーダーにメンバーはついていきたいと考えるのである。

動き回るリーダーを目指す

ファイターズほど、モチベーションレベルの高いチームを探し出すのは、至難の業。監督に就任して間もなく、栗山はこう語っている。

「仕事に取り組むなかで、一番心掛けていたのは、『人の話を聞く』ということだ。悩んでいるとき、人に話を聞いてもらうだけで、すごく安心することがある。僕が答えを出してあげることはできないけど、聞いてあげることはできる。人が話しやすい環境をどうつくっていくか。また、自分が聞く環境をどうつくっていくか。いつもそんなこと

ばかり考えていた」（『覚悟』ＫＫベストセラーズ刊より）

一方、モチベーションの低いチームの共通点は、リーダーからメンバーへの一方通行的な会話の量が圧倒的に多いこと。

それだけでなく、パーソナルコミュニケーションの量が不足していること。このチームのリーダーは「私語禁止」をことさら強調する。結果、チーム内の雰囲気はギスギスし、メンバーにとって居辛いものとなる。

「そんなつまらない話をする暇があったら仕事をしろ！」が、このチームのリーダーの口癖である。結果、メンバーは心を閉ざし、ますます閉塞感がチーム内に漂う。

このチームのリーダーは「仕事の情報の伝達だけがコミュニケーション」と捉えている。雑談が仕事の潤滑油であることに、残念ながら気づいていない。

ビジネスの世界でも、合理化が進み、多くのチームで、リーダーとメンバーのコミュニケーション時間が圧倒的に不足している。コミュニケーションの内容以前に、メンバーと共有する絶対的な時間が確保されていないのである。

あなたがリーダーなら、まず、率先してメンバーとのコミュニケーションの時間を確保する。そこから始めてみよう。

栗山が身につけている「動き回る習慣」は、スポーツキャスターとして不可欠な取材を通して身につけたもの。

シーズン中、彼は長時間一か所にとどまることなく、とにかく場所を変えて動き回る。レギュラー陣はもちろん、控えの選手や裏方さんまで、分け隔てなく〝取材〟するのだ。これは、試合前の練習中、バッティングケージの後ろに陣取って野球評論家と雑談に明け暮れる監督とは明らかに一線を画す。

栗山のこの姿勢は、ビジネスの現場でもまったく通用する。リーダーの大きな役目は動き回ることと心得てみよう。

例えば、3分間という制限時間を設定して、一日のうちにどれだけ数多くのメンバーとコミュニケーションをとれるか、挑戦してみよう。リーダーなら、その姿勢を忘れてはいけない。そうした行動を実践することにより、メンバーの些細な変化にも気づくようになる。

自分のほうから出向いて、メンバーと毎日会話を交わす。これは簡単なようで難しい。自分のほうから動き、仕事だけでなくパーソナルなコミュニケーションをとって、メンバーの知らない部分を知るのがリーダーの大切な役割なのだ。

日本では、当然のように「教える」「育てる」という言葉がリーダーの口から出る。しかし、それは言い換えれば、「自発的に動けないメンバーを量産する」ことでもあるのだ。これでは創造性のあるチームの構築は不可能である。

それだけでなく、自律性のないメンバーを量産することにより、何事もすべてリーダーの指示を仰ぐメンバーに成り果てるわけだから、リーダーに負荷がかかり、スピード感までなくなってしまう。

一方、リーダーが「教える」「育てる」という感覚を心の中から葬り去り、メンバーの自律性を尊重すれば、彼らは自らの判断で動けるメンバーになり、リーダーの負荷も著しく軽減される。こうなれば、本来のリーダーの仕事である戦略や采配について熟慮する時間をたっぷり確保できるようになる。

メンバーは馬ではなく「お客さま」である

マニュアル全盛の時代である。ともすればリーダーは、マニュアル通りに事を運ぼうとする。しかし、マニュアル頼りのチームには熱気が不足している。リーダーの熱をメンバーが感じ取り、その熱に心が動かされるからこそ、メンバーは頑張れるのだ。

例えば、12年9月27日の対千葉ロッテマリーンズ戦で、今季ホールド王（最優秀中継ぎ投手）を確定させた増井は、ヒーローインタビューで「ホールドがつくような場面で投げさせてくれた監督、コーチに感謝します」と照れ臭そうにコメント。すると、それをベンチで聞いていた栗山監督が思わず涙したという。

試合後の栗山のコメントも精一杯選手たちを激励するものだった。

「中継ぎが本当によく頑張ってくれている。疲れを取りながら使いたいとは思っているんだけど、こういう状況になると行ってもらうしかないから。きょうが最後だというゲームを続けていくのはいつも言っていること。みんなで頑張っていきます」(「北海道日本ハムファイターズ・オフィシャルHP」12年9月27日付より)

論理や理屈は「誰が」にかかってくる。同じ論理や理屈でも、誰が発するかでまったく違ったものになるのだ。リーダーが発した熱は、そのままメンバーに伝わる。

つまり、熱いリーダーから熱いメンバーが生まれ、冷えたリーダーの元では冷えたメンバーしか育たない。

プロ野球で勝利することは大切な使命であるが、それだけではつまらない。ファンを感動させるプレーをして初めて一人前のプロフェッショナルなのである。

栗山は、常に選手の目線に立って話をする。そこにはリーダー特有の「上から目線」は微塵も感じられない。

前にも触れたが、栗山の口癖は「オレは現場スタッフの経験がないから」である。スタッフの経験を尊重し、そこから学ぼうとしている。だから、現場のコーチの言葉に熱心に耳を傾けることを、彼は忘れない。

リーダーにとって、「腹心やメンバーの気持ちを聞く力」という資質は無視できない。栗山は、担当コーチの話にはいつも謙虚に耳を傾けるし、選手と意見の食い違いがあれば、納得がいくまで議論を重ねることができる。

聞く力のあるリーダーは、メンバーの思いに耳を傾けるから、彼らが行きたい場所をしっかりと、彼ら自身の口から聞き出すことができる。

野球用語として使い古された「コーチ」の語源は馬車である。もちろん、リーダーが御者であることは言うまでもない。しかし、メンバーは馬ではなく「お客さま」である。お客さまが行きたいところに連れていってやるのが御者の役目。コーチという言葉がこの言葉に込められていることを、リーダーは忘れてはならない。

「シンクロニー」の威力を知る

メジャーリーグのコーチの一番大事な仕事は、バッティングケージから打たれて外野に飛んでいったボールをバケツで拾ってマウンドまで運んでくることにある。選手に専門的なアドバイスを与えるのは二番目に大事な仕事なのである。

そのためにも、リーダーなら「聞く力」に敏感になり、彼らが行きたい所について、きっちりと情報収集することが求められる。

もう一つ、聞く力をいっそう効果的にするスキルがある。それが「シンクロニー（同調性）」という心理法則である。

聞く力を増幅するには「相槌を打つ」「うなずく」「同意する」こと。このパワーは侮れない。

極端に言えば、シンクロニーの威力に精通したリーダーだけに、メンバーは本音を打ち明けるのだ。

心理学者マラッツオは、次のような実験によって、とても興味深い事実を見出した。役所の面接時に、面接官が最初は普通の会話を行い、残りの15分間は頻繁にうなずきながら会話をした。すると、うなずきの回数と被験者の会話の量が比例したという。それだけでなく、うなずきは相手の本音を引き出す効果があることが判明したのだ。

栗山のような人望のあるリーダーは、この効果を熟知している。「なるほど」「そうだったのか」「僕も同感だ」「わかる、わかる」といった言葉をはさむことで、相手に気持ちよく話をさせることができる。この何気ないシンクロニーの効果を侮ってはいけない。

もちろん、栗山は聞き役に徹するだけでなく、自分の熱い思いを同時に伝えることも忘れない。ファイターズのある関係者は、こう語っている。


「(栗山は)一人ひとりと顔を向き合わせてくまなく話を聞き、自らも熱い思いを伝える。11年までキャスターの仕事をしていたこともプラスになっているんだろう。相手の本音を聞きだすことは何度も経験しているし、意思の伝え方も抜群にうまい。

『この一球に命をかけてくれ！』とか『野球の神さまがお前についている！』などと臭いセリフを恥ずかしげもなく口にして選手たちを鼓舞する。まるで熱血教師のようにね。『元気か？』と言ってもらえた控え選手たちだって『お、今日は出番があるかもしれないんだな』と思ってヤル気になるのは当然」（「ビジネスメディア誠」12年10月10日付より）

リーダーの責務は、メンバーを成長させること。これは、当たり前のこと。栗山は、メンバーによって自分も成長できると考えられるのである。

「自分がメンバーを育ててやっている」と考えがちなキャリア溢れる他球団の監督と違い、栗山には「自分はメンバーに成長させてもらっている」という謙虚さがある。そういう姿勢がリーダーとメンバーの心理的距離を縮めていることは間違いない。

「メンバーこそ自分の教師!!」と考えられるその謙虚さが、リーダーとメンバーの共感を生み出し、そのリーダーに一つの才能を授けてくれる。

好意も悪意も跳ね返ってくる

実は、開幕の12日前、栗山は斎藤に「斎藤で開幕頼んだぞ！　共にチームのために」と書いた手紙を送っている。一つの決断である。

なぜ、斎藤を抜擢したか。

ここにも栗山の「選手を信じる」というメッセージが込められている。

あるとき、栗山はこう語っている。

「斎藤はどう頑張っても15勝0敗のピッチャーにはなれない。しかし、毎年10勝できるピッチャーになれると信じているんです」（「週刊現代」12年8月22日号より）

リーダーの発する「メンバーを信じる」というメッセージは意味を持つ。我々は常に、何らかの関係ある人間と、距離を測りながら接している。その人間との関係性からどこまでの話をしていいのか、慎重に言葉を選ぶ。

リーダーの基本的なスタンスは「みんなで一緒にやっていこう」であり、「オレの後についてこい！」というスタンスは明らかに時代遅れ。

「メンバーを信じる」という気持ちが、「メンバーに任せる」という発想に広がっていく。繰り返しになるが、リーダーの仕事は、指示によってメンバーに仕事をさせることではない。自発的にメンバーが進んで仕事に取り組むシステムを構築することにある。

いくら正しい理論を説いても、ふだんから良好な関係を築いていないチームでは、リーダーの主張がメンバーに受け入れられることはない。リーダーの正論も、リーダーとメンバーの間に良好な関係が存在しない土壌では、決してメンバーに受け入れられない。

栗山のメッセージには、「君たちと一緒に仕事ができて楽しい」とか、「君たちと一緒に優勝に突き進む」という彼の意思がしっかりと込められているのだ。

メンバーの声を謙虚な姿勢で聞き取り、それをチームの方針にさせる。メンバーはリーダーにとって、一緒に目標を目指して頑張るパートナー。どうすればいいか、一緒に考える。

「好意の返報性」という心理法則は覚えておいてよい。これは「リーダーがメンバーに好意を示せば、メンバーから好意で跳ね返ってくる」というもの。もちろん「リーダーがメンバーに悪意を示せば、メンバーから悪意を示される」のだ。

コミュニケーションは鏡によく似ている。好意をあらゆる関係者に示すことにより、彼らからまるで鏡に反射した光のように好意が戻ってくる。

ただし、いくらリーダーであるあなたが好意をメンバーに示しても、発する言葉の中に本気さがこもってなければならない。いくら「メンバーを信じる」というメッセージを投げかけても、上辺だけの言葉なら、メンバーにすぐに見透かされてしまう。

いくら立派な家を建てても、土台がしっかりしていなければ、家は簡単に傾いてしまう。それと同じで、メンバーとの良好な人間関係を築くことが土台になる。まずはそこから始めなければ、何も前に進まない。

もちろん、本気さは、たんに口先だけでなく、全身全霊で伝えるべきもの。非言語コミュニケーション研究の第一人者であるレイ・L・バードウィステルは、自らの実験により、こう結論している。

「二者間の対話では、言葉によって伝えられるメッセージは全体の35パーセントに過ぎない。残りの65パーセントは、話し振り、動作、ジェスチャー、相手との間のとり方など、言語以外の手段によって伝えられる」

あるいは、ヴァーガスという学者は、言葉以外に9種類のコミュニケーション手段を挙げている。それらは、①人体（性別、年齢、性格、皮膚の色）、②動作（人体の姿勢や動き）、③目（アイコンタクトと目つき）、④パラランゲージ（周辺言語）、⑤沈黙、⑥身体接触、⑦対人空間、⑧時間、⑨色彩である。

これらの要素をうまく言葉に加味して駆使することにより、言葉の説得力も増していく。

ここで言葉による「信じる」という表現以外に、メンバーとの良好な関係を構築する要素をリストアップしてみよう。

・微笑みながら視線を合わせて話をしているか？

・名前を頻繁に呼んでいるか？

・肩を軽く叩いて励ますというスキンシップの機会を持っているか？
・メンバーの仕事以外の嗜好や趣味に精通しているか？
・メンバーとのパーソナルコミュニケーションを積極的に取っているか？

これらを理解し、言葉を核としたコミュニケーションをメンバーと好意的に交わすことにより、リーダーは彼らと良好な関係を維持できるようになる。

第4章
メンバーを信じると自ら考え動き始める

新時代のリーダーに重要な資質「共感力」

2012年シーズン開幕の日、栗山は練習後、ロッカールームに全選手、コーチ、スタッフを集めて水杯《みずさかずき》を交わしている。その杯には栗山の座右の銘「夢は正夢」が記されていた。

そのとき、栗山はこう語っている。

「チームのために戦わなくていい。それぞれの夢に向かって、家族のために、自分の大切な人のために戦ってほしい。それが自然とチームのためになる。そしてシーズン終了後、その人たちと喜びを分かちあってほしい」（『覚悟』ＫＫベストセラーズ刊より）

リーダーの責務は、「メンバーをどれだけ本気にさせられるか」にある。この言葉によって、栗山は「チームのために戦うこと」より「自分や自分の大切な人のために働くこと」の大切さを強調し、メンバーを鼓舞したのである。

栗山は常にメンバー目線に立って、彼らがリーダーの指示によってではなく、自発的に動くシステムを構築することに全力を尽くしている。このように、目の前のプロジェクトを成功させるためには、リーダーは「メンバーを動かす能力」に長けていなければならない。

20世紀には強烈なパワーを誇っていた「肩書」だが、もはやその威力はどんどん失われている。肩書でメンバーを動かす時代は、終焉を迎えているのだ。

リーダーがメンバーよりも偉いのではない。リーダーとメンバーは、あくまでもチームの中で与えられているポジションの違いでしかない。そのことをリーダーはしっかりと自覚しなけ

ればならない。

いくら肩書でメンバーを動かそうとしても、彼らは渋々動くだけで、自発的に動いているわけではない。大切なのは肩書ではなく、リーダーの人徳。栗山の人徳がメンバーの心を揺さぶり、彼らの心に火を付けたからこそ、パ・リーグ制覇に結びついたのだ。

「共感力」こそ、これからのリーダーにとって不可欠の資質である。「共感」とは、文字通り、リーダーとメンバーが共に同じように感じること。

それを可能にするためには、自分の立場や価値観をとりあえず葬り去って、メンバーの目線から自分を俯瞰《ふかん》する能力が、これからのリーダーには求められる。

もっと言えば、感情の共有ができるか否かなのだ。例えば、メンバーが成果を上げたとき、リーダーが率先して喜びの態度を示せばよい。メンバーに向かって「僕は本当に幸せ者だ！」と素直に喜びの気持ちを表現するのである。

自分のビジョンや目標を、メンバーに認知してもらうことがリーダーの仕事。いくら崇高なビジョンや目標があっても、メンバーの共感なしにそれらはまったく意味をなさない。メンバーがリーダーの主張に共感して、初めて彼らは納得して動くのである。

心理学者ハリー・Ａ・オーバーストリートの言葉を噛みしめよう。

「リーダーシップの本質は、人を巻き込むことにある」

人を率いていくためには、リーダーは人格者でなければならない。地位にモノを言わせて人を巻き込むことは、もはや不可能。リーダーの魅力によってメンバーは巻き込まれ、チームを勝利に導くために全力を尽くそうとするのだ。

栗山ほどメンバーとの共感を大事にするリーダーを、プロ野球界で探し出すのは難しい。

このことについて、ファイターズの精神的な支えを担う、今季２０００本安打を達成した稲葉篤紀は、次のように語っている。


「あそこまで積極的に話す監督は今まで見たことがなかった。普通、ああいうことはコーチがやることだから。なにより監督はチーム状況が悪くなったときでも、あのスタイルをずっと貫き通していることがすごいと思う。選手は監督やコーチの顔色を気にしているから『今日は話しかけづらいな』とか思うけど、栗山監督はそうした不安をわれわれに与えない」（「ビジネスメディア誠」12年10月10日付より）

プロ18年目、東京ヤクルトスワローズとファイターズに在籍し、多くの監督の下でプレーしてきた経験のある稲葉の言葉は、とても重みがあり、説得力を持つ。

任せるリーダーが慕われる

今年の日本ハムの活躍で忘れてならないのは、リリーフ陣の活躍である。宮西尚生、増井浩俊、武田久の踏ん張りがあったから、リーグ制覇を成し遂げることができた。栗山が彼らに全幅の信頼を寄せたから、彼らは頑張れたわけである。

「服従の心理」は覚えておいてよい心理法則である。いたって理不尽な法則であるが、相変わらずスポーツ界のみならず、ビジネス界でもまかり通っている強力なもの。

「服従の心理」とは、「メンバーは、信頼しているリーダーなら理不尽な要求も受け入れてくれるが、信頼していないリーダーなら正当な提案でも拒否する」というもの。リーダーがメンバーに信頼されるためには、まずリーダーが率先してしてメンバーを信頼することから始めなければならない。

リーグ戦終盤にはリリーフ陣の登板過多による疲れが見られ、試合がひっくり返されることも珍しくなかったが、敢えて栗山は彼らを使い続けた。たとえ吉井《よしい》理人《まさと》投手コーチら周囲の首脳陣から「休ませましょう」と進言されても、首を縦に振ろうとせず、こう口にしたそうだ。

「オレは彼らを信頼しているし、火だるまになったまま自信を失わせたくないんだ。心中する覚悟はできている」（「ビジネスメディア誠」12年10月10日付より）

メンバーの「自信のきっかけ」をつくるのがリーダーの責務である。栗山にしても、投手が相手に打ち込まれてすぐに降板させるのは簡単なこと。しかし、それではその投手は自信を喪失して立ち直れない。打たれても打たれても、ときには使い続ける根気がなければならない。

使い続ける覚悟は、空気としてナインに伝わるもの。「お前に任せた」という意思を、起用によって表現することが、栗山は他のどの監督よりもうまいのだ。

メンバーに100パーセント仕事の裁量権を与えることは、リーダーにとって勇気がいるもの。任せることによって、自分の仕事の大部分が奪われてしまうという危機感を持つリーダーも少なくない。

しかし、安心してほしい。メンバーを信頼して彼らに任せることにより、考えつくだけでも以下のようなメリットがリーダーには生まれるのだ。

・メンバーを監視する必要がなくなり、自分の仕事に没頭できる時間が増える
・メンバーの主体性や自律性を促すことができる
・指示することが明らかに少なくなり、それによって生じる人間関係の軋轢《あつれき》が解消する

「任せる」という行為が、メンバーを指導したり教えたりすることを最小限にとどめ、彼らに自発的な学びを促し、ひいてはチーム内に相談しやすい環境が生まれてくる。

優勝を支えたファイターズのシステム

ここで、北海道日本ハムファイターズ特有の「ベースボール・オペレーション・システム」（以下「ＢＯＳ」と略す）のことに触れておかねばならない。これは、チーム経営にＩＴ技術を組み込んで球団運営を成功させるシステムのことをいう。

ファイターズにおいては、①試合分析、②スカウト活動、③選手査定、④各球団別情報、⑤トレーナー情報、のことをいう。

ファイターズの球団社長・藤井純一は、栗山についてこう語っている。

「よく、監督が代わるとチームの方針が代わるといわれます。それは、監督の個性にすべてをゆだねている球団があるからです。もちろん、それを悪いというつもりはありませんが、監督が代わるというのは選手にとっては大問題です。前監督とまったく違ったりして、これまでよしとされてきたプレーや球にダメ出しされたら、選手も何に従ったらいいのかわからなくなります。そのような戸惑いをなくすためにも、ファイターズでは監督が代わるとすべてが代わるということは避けるようにしています」(『監督・選手が変わってもなぜ強い? 北海道日本ハムファイターズのチーム戦略』光文社新書より)

ファイターズのチーム強化方針は育成型チームを目指していることにある。これは基本的にはトレードや外国人選手に頼るのではなく、ドラフトや自由獲得枠で獲得した選手を育成してレギュラー陣を構成するシステムのことをいう。

つまり、方針は以下の三点に集約される。生え抜きをチームの軸にする。鎌ケ谷《かまがや》(千葉県)のファームで育て、札幌ドームで活躍させる。チーム統括本部が選手の年俸の総額を決め、その範囲内でやりくりをする。もちろん、多大の経費がかかる外国人選手はこの構想には入らない。

コーチ陣にもこだわりがある。他のチームにありがちな、「生え抜きでなければダメ」とか、「外国人監督は採用しない」といったルールは存在しない。「ファンサービス」がキーワードであり、チームの采配だけではなく、ファンサービスができるリーダーであることが大きな雇用の要素となる。

栗山は、監督稼業では、ほとんどノンキャリアである。しかし、このシステムにフィットした格好の人材として白羽の矢が立ったのもうなずける。リーグ優勝を決めても、栗山はいたって謙虚である。

「オレは何もしていない。一切口に出していない」（「現代ビジネス」12年10月31日付『二宮清純レポート』より）

実は、ファイターズでは、コーチ人事も選手獲得もドラフトも、そして一軍と二軍の入れ替えも、監督ではなくＢＯＳのシステムが決定しているという。本来なら監督が行う権限をすべてシステムが行っている。もちろん、栗山はそのファイターズのシステムを受け入れて監督を引き受けたわけである。

メンバーを100パーセント信じる

リーダーシップに、もはやカリスマ性は要らないと、私は考えている。そのようなリーダーシップの形態は、すでに20世紀で終焉を迎えている。

今リーダーに必要とされるのは、メンバーに対して、組織に貢献することの大切さを説き、彼らが自発的に動くシステムを構築すること。それは、カリスマ性リーダーが、自分の指示通りメンバーを動かすシステムと対極にある。

このことに関して、あのカリスマ啓蒙家ジョン・C・マクスウェルは、こう語っている。

「リーダーシップとは、『影響力』にほかならない。『立派な肩書さえあれば、リーダーになれる』というのは大きな誤解だ。重要なのは『影響力』であり、それは本人が努力して身につけるものだ。肩書の力が役に立つとすれば、リーダーとしての実力がはっきりするまで少し時間を稼げる——その程度のことである」(『これからのリーダーが「志すべ

きこと」を教えよう』三笠書房刊より）

たしかに、日本のプロ野球においては、プレーヤーとしての肩書きが就任時の一つの必要要件である。しかし、それは1年目だけであり、成果が出なければ、いくら選手時代に凄い実績を残した人間でも、2年目の指揮を執ることは許されない。

つまり、プレーヤーとしての実績は、プロ野球の監督に就任するためには有利に働いてくれるが、チームを牽引するための要素にはまったくならないことを肝に銘じるべきである。

1年目の栗山の躍進を物語るシーンは、開幕2戦目に早くも表れた。この試合、1点を追う9回、四球と犠打で1死2塁となって栗山は代打攻勢に出る。

まず、二岡が左前打でつなぐと、岩舘学《いわだてまなぶ》の中前打で同点に追いつく。そして新キャプテン田中賢介《たなかけんすけ》がライト越えのサヨナラヒットを放ち、見事、逆転勝ちを収める。試合終了後、お立ち台に立った田中は、「これが栗山野球です！」と栗山の采配を賞賛した。

もちろん、代打を任された岩舘も、栗山への賛辞を忘れなかった。

「何も貢献していないのに契約してくれた球団に感謝していますし、ああいう場面で使ってくれた監督にも感謝しています」（「北海道日本ハムファイターズ・オフィシャルＨＰ」12年3月31日付より）

実は、岩舘は巨人から移籍して3年目の選手である。1年目はキャンプを1軍でスタートしながら、練習試合の初戦で肉離れを発症して離脱。2年目も1軍での出場は6試合にとどまった。しかし、12年シーズンに開幕1軍をつかんだ男は、この機会を逃さなかった。

栗山が岩舘をこの場面でバッターボックスに送ったのは、彼がバントの天才だからである。スクイズをするための起用であることは明らかである。初球ワイルドピッチで1死2・3塁になる。ここで栗山は、すかさずスクイズのサインを送る。ところが、岩舘はなんとこの場面でファウル。スクイズは失敗に終わる。

しかし、ここからである。栗山はこのとき岩舘に向かって、

「スクイズの失敗はサインを出した自分の責任。だから気にする必要はない」

と告げたという。そのひと言が、岩舘から同点打を引き出したと言えなくもない。

メンバーを100パーセント信じる。この場面から、栗山がメンバーに全幅の信頼を置いている事実が垣間見える。

「結果がどうであれ、監督の自分が勝敗の全責任をかぶる。お前を信じているから、ここはベストを尽くせ」。そういう栗山のメッセージが聞こえてくる。

たとえ「コイツに任せて大丈夫かな？」という不安が心の中に湧き出てきても、一度その人間に任せたなら、決してそれを表情に出してはいけない。リーダーなら、起用した時点で腹をくくり、「ここは全部お前に任す」と自信に満ちた表情でメンバーを戦いの場に送り出そう。

マネージャーとリーダーの違いを理解する

ここで「マネージャー」と「リーダー」の役割の違いを明確にしておこう。栗山は間違いなくリーダーであり、マネージャーではない。

リーダーは、現状のメンバーのパワーを最大化させてチームを勝利に導く責任者であり、メンバーの先頭を切って歩んでいかねばならない。そのためには、精一杯メンバーを信じること。これに尽きるのである。

一方、人事権を保持しているのはマネージャー。マネージャーはどちらかというと黒子的な役割で、チームの前面にはあまり出てこない。

「体制を維持する」のがマネージャーの役割なら、「体制を変化させて、革命を起こす」のがリーダーの役割。マネージャーは保守的という言葉が似合うが、リーダーは革命的でなければならない。

あるいは、メンバーの潜在能力を見つけるのがマネージャーの資質なら、リーダーの資質はメンバーの保持している潜在能力を開花させることにある。

そしてもう一つ、これはさらに大事なのだが、マネージャーには、組織の規範に従ってそつなくメンバーを動かすことが問われ、リーダーには、メンバーが自発的にチームに貢献するように仕向ける資質が問われるわけである。

そのことに関して、こんなことがあった。5月20日、敵地での対広島東洋カープ戦。8回が終わった時点でカープが4―0でリード。この時点で、完全な負けムードのゲームである。しかし、9回表、ファイターズの反攻が始まった。

1死から加藤政義《かとうまさよし》が相手失策で出塁する。2死2塁となったが、二岡、小谷野の適時打で1点差に迫り、なお1・2塁。ここで打席に立ったのは、不振に悩む4番の中田。見事、値千金の二塁打を放ち、4点差を跳ね返し同点とした。

さらに、続く稲葉が相手内野手の適時失策を誘って勝ち越しに成功。その裏、増井が広島打線を3人できっちり抑えて逆転勝ち。同点の二塁打を放った中田は、試合後こう語っている。

「（地元・広島で）応援してくれる人がたくさん来てた。賢介さんがフォアボールで歩いたときに自分も興奮したし、絶対に打つしかないと思ってました」（「北海道日本ハムファイターズ・オフィシャルHP」12年5月20日付より）

どんなに不振であっても、シーズン前から「中田は不動の4番」と決め込んだ栗山の「任せる力」が勝利をもぎとった象徴的なゲームであったことは間違いない。

ちょっと不振に陥ったからといって、メンバーを交代させることは簡単。しかし、それではリーダーの資質が問われる。長期的視野のないリーダーと言われても仕方がない。我慢して使い続けることも大切なリーダーの資質なのである。

組織の中に複数のマネージャーは存在するが、リーダーはたった一人。「リードする人」というのがリーダーなら、そこには必然的に「ついていく人」が存在する。

20世紀においては、メンバーは「リーダーに渋々ついていく人」でも務まったが、21世紀には、もはやそんなメンバーは通用しない。これからの時代で生き残れるメンバーとは、「リーダーに自発的についていく人」でなければならない。

それでは「人柄」はどうだろう？　言うまでもなく、リーダーは人柄が良いにこしたことはないだろう。しかし、メンバーは、人柄だけでは、決してリーダーについていかない。

つまり、人柄がいいことは一流のリーダーの資質の一つにはなり得るが、人柄が良ければ一流のリーダーになれるという保証はまったくない。

結局、リーダーは、メンバーの潜在能力を開花させ、結果的にそれをチームの勝利に結びつける資質が生命線になるのである。

具体的な名前は控えるが、かつての「智将」と言われるリーダーは、必ずしも人柄の良い人間だけではない。徹底的に自分の思い通りの指示を出し、それに忠実に応えて動くメンバーで成果を上げられるなら、そのリーダーも名将なのである。

しかし残念ながら、少しの例外を除き、そのシステムでは、もはや立ち行かない時代になっている。メンバーが本気になってチームに貢献する仕組みをリーダーがつくる。時代は、そういうチームを待ち望んでいるのだ。

フォロワーであるメンバーを育てよう

あるとき、栗山は自分のことに触れて、こう語っている。

「オレは何もしていない。頑張ったのは選手やチームスタッフ、そしてフロントの人たちだ。ベテランや中堅がフォア・ザ・チームに徹するように、そして若手が萎縮しないでプレーできる環境を作ってやるのが自分の仕事。オレは目立たなくていいんだよ」

（「ビジネスメディア誠」12年10月10日付より）

この言葉には栗山の思いが詰まっている。自分のためではなく、メンバーのために献身的に力を尽くす。有能なリーダーとは、フォロワーであるメンバーの付加価値を徹底して高めることに全力を尽くせる人のこと。栗山はメンバーが成長することに期待し、それを実践すれば自分も幸せになれると信じている。

もしもあなたがリーダーなら、今から私がする質問に、迷うことなく即座に「はい」と答えてほしい。

「あなたは全身全霊で自分のチームのメンバーを成長させることに尽くしていますか？」

チームの勝利に直接貢献するのは、リーダーのあなたではなく、メンバーなのである。だからこそ、献身的にメンバーと向き合い、成長させることに全力を注がなければならない。

「メンバーの付加価値を高める」。このことを四六時中考える。そして、考えるだけでなく、具体的なプランを立てて実践する。それができるのが一流のリーダーなのである。

ファイターズには素晴らしいキャリアに溢《あふ》れる選手がたくさんいる。その中でも象徴的な存在が稲葉篤紀であることは間違いない。

稲葉は12年4月28日、敵地での対東北楽天ゴールデンイーグルス戦で、プロ野球史上39人目となる通算2000安打を達成。初回、2死1・2塁で迎えた第1打席でヒメネスからライト前ヒット。2塁から田中が本塁に生還するのを見届けた後、駆け寄るナインと抱き合った。

この年のシーズンは、稲葉にとって記録ラッシュの年となった。通算2000安打に続き、5月4日の対オリックス・バファローズ戦では、史上58人目となる通算250本塁打、5月19日の対広島カープ戦では、史上11人目となる通算400二塁打を達成。

また、5月31日の対東京ヤクルトスワローズ戦では、史上44人目となる通算2000試合出場に到達。8月8日の対福岡ソフトバンクホークス戦では、史上38人目となる通算1000打点、9月27日のロッテマリーンズ戦では、13年連続となる2ケタ本塁打を達成。そして日本シリーズでは、打率3割9分1厘で首位打者に輝くなどの活躍を見せ、敢闘選手賞を獲得した。

それだけではない。稲葉はさまざまな社会貢献活動に取り組んでいる。9月29日の対西武ライオンズ戦では、札幌市内に避難・移住している東日本大震災の被災者114人を招待。「少しでも元気になってもらいたい」と支援継続を約束した。これからも稲葉が優しい男であることがよくわかる。

実は、稲葉の2000安打達成に際して、栗山は出場機会をうまく調整して本拠地での達成を目論んでいた。しかし、稲葉は以下の言葉できっぱりと断ったという。

「僕は2000本打つために野球をやっているわけじゃない。監督を胴上げするためにやってるんで」（「北海道日本ハムファイターズ・オフィシャルHP」12年4月20日付より）

しかし、稲葉にはその記録よりも凄いところがある。それは彼の全力疾走する姿である。例えば、内野に飛んだ凡打でも、稲葉はとにかく一塁に向かって全力疾走をする。それを若手はしっかりと脳裏に焼き付けている。

40歳のベテラン選手が全力疾走をする姿を見て、影響されない選手はいない。ファイターズの今年のパ・リーグ制覇はこの稲葉の全力疾走と無関係ではない。全選手が全力で戦うことの大切さを他のどの球団よりも自覚しているからこそ、優勝できたと思うのだ。

このことについて、栗山はあるときこう語っている。

「（稲葉は）子どもたちの見本になるため全力疾走しているわけではない。塁に出るために、先の塁に進むために、そして勝つために、稲葉はいつも全力疾走しているのだ」

（「Ｎｕｍｂｅｒ」12年10月号より）

別に監督が指示しなくても、目の前で中心的メンバーがお手本を見せているチームは強い。もっと言えば、細かいことをいちいちアドバイスするチームは決して一流のチームではない。デニス・Ａ・ピアは、こう語っている。

「自分のリーダーシップがどれほどのものかは、あなたのフォロワーにどれくらい能力があるかを見ればわかる」

もちろん、稲葉は栗山がファイターズに来る前から凄いプレーヤーであったことも事実である。しかし、当たり前の監督なら稲葉を放任して好き放題やらせるが、栗山はちょっと違う。その一つが稲葉の2番での起用である。通常、1番打者が塁に出たとき、2番打者は送りバントをする。しかし、栗山はそれを嫌う。

「自分の理想は、ヒット&ランをさせること」と栗山は言う。もっと言えば「打順が一番回ってくる1番、2番によいバッターをもってくる」という理想を実現したいがために、稲葉を起用したのだ。開幕前日、栗山は稲葉を呼んでこう伝えたという。

「初回、(田中)賢介が出ても、絶対送らないからね。野球少年が稲葉みたいな2番バッターに憧れるようなイメージでやってほしい」(『覚悟』KKベストセラーズ刊より)

リーダーなら、メンバーに精一杯の期待をして、それを具体化させなければならない。本人が案外気づいていないメンバー自身の役割を、明確に示すことができるのも、一流のリーダーの共通点なのである。

そのためには、メンバーの技術力や気性などを、しっかり把握しておかなければならない。それを可能にするのは、やはり頻繁に、そして積極的にメンバーと話すことなのである。

連帯感を重んじて団結心を高める

キャリア溢れる中軸の選手に対し、きっちり自分の意向を伝えておけば、彼らはしっかり自分のポジションと置かれた状況で仕事を果たしてくれる。しかも、その精神は次第に若手メンバーに浸透し、メンバー全員に行き渡る。そういう波及効果を栗山は熟知している。

若いメンバーを直接くどいほど教育する熱血リーダーがいる。しかし、リーダー自ら指導するよりも、素晴らしい先輩の姿を若いメンバーに目の前で見せてやり、観察させる工夫を凝らすほうが、若いメンバーには強烈なメッセージとして伝わるのだ。

つまり、リーダーが口先だけでアドバイスするよりも、稲葉のようなチームリーダーがお手本を見せるほうが、若いメンバーには何倍も効果的であることを栗山は知っている。

ファイターズには、もう一人の円熟した名選手が存在する。二岡智宏である。1999年シーズンから10年間ジャイアンツで活躍し、2009年からファイターズで主に指名打者、代打として活躍。2012年シーズンは打率3割5分3厘と高打率を残した。さらに、スタメン時は打率4割4分4厘、得点圏打率3割4分3厘と勝負強さを発揮している。

栗山に言わせると、二岡の準備は半端じゃないという。代打出場がメインである二岡にとって、その限られた一打席に懸ける思いは、他のレギュラーに定着している選手とは比べ物にならない。代打の可能性の高い場面が近づくと、二岡は極限と言われるまで集中力を高めていく。それは誰も近づけないほど殺気立っているという。それを何度も繰り返す。そのことについて、栗山はこう語っている。

「今シーズンの二岡の活躍には、目を見張るものがあった。主に代打の出場だったが、限られた一打席にかける思いというものは、すさまじかった。特にすごかったのが、いつ来るかも分からない、その一打席への準備が、本当に『全力』であったことだ」(『覚悟』KKベストセラーズ刊より)

この二人のベテラン選手に敬意を払う栗山の気持ちが、彼らの心に伝わったのは、言うまでもないだろう。人は「自分に敬意を払ってくれるリーダーについていきたい」と思うもの。昔から欧米で使い古された諺がここにある。

「自分自身を磨くなら頭を使え。他人を導くなら心を使え」

リーダーなら、「連帯感」というキーワードを片時も忘れてはならない。メンバーへの期待。この気持ちを表現すると、リーダーとメンバーの間には、確実に連帯感が生まれていく。

そして、この連帯感が団結心を生み出し、それがチームを勝利に導いてくれる。

当たり前かも知れないが、ただ仕事だけで結びついている集団は弱い。チームを勝利に導くには、まず連帯感ありきなのである。

メンバーの多様性を歓迎する

結果を出す。これはあらゆるリーダーに課せられた最優先課題。どんなに理屈を並べ立ててもチームを勝利に導かなければ話にならない。

そのことを栗山は嫌というほどわかっている。

・どうしたら、メンバー一人ひとりがチームの勝利に貢献してくれるか？
・どうしたら、チームに一体感を植えつけさせることができるか？
・どうしたら、保有している陣容で最大効果を発揮させせられるか？

12年のシーズン、栗山の脳裏には、このようなことが常に渦巻いていたはずだ。野球解説者時代、彼はレポーターとして取材にあたる心得を、「空気になる」とか「水になる」と表現していた。そのことについて、彼はこう語っている。

「自分は単なる媒体でしかない。一流の選手が教えてくれたコツや彼の生き様を視聴者に伝えるとき、自分はその間を取り持つパイプでしかないのだ。だから伝え手としては、自分の存在は消えたほうがいいと思っている。それが空気になるとか、水になるということだと思っている」（『覚悟』ＫＫベストセラーズ刊より）

このスタンスは、監督になった現在も変わっていない。自分は徹底して黒子に徹してメンバーである選手を前面に出す。自分は最高の結果を出すことだけ考えればよい。そういう意識でチームの采配に徹したから、ファイターズはパ・リーグ制覇を成し遂げることができた。

リーダーの保持している強烈な権利、それは「采配権」である。

先発メンバーの選定、先発ピッチャーのローテーション、どのタイミングで選手を交代させるか。すべての采配の最高責任者が監督なのである。たとえピッチングコーチに投手陣の采配を任せたとしても、最終的な責任はすべて監督にある。

采配を行使するときには、リーダーたるもの、公平・平等性を最優先しなければならない。メンバーは種々様々。個性は一人ひとり違う。メンバーを型にはめてはいけないし、自分の気に入った人間だけを重用してもいけない。リーダーなら広い心を持って、個性あふれるメンバーの多様性を、むしろ歓迎しなければならない。もちろん、好き嫌いや自分の嗜好をひとまず封印して、すべてのメンバーを公平に扱うことが求められる。

主語を「私」から「メンバー」に変える

リーダーの役割は、「チームメンバーの成長をサポートすること」である。このことを考えたら、おのずとメンバーは成長してチームの勝利に貢献してくれる。そのためには、メンバーである選手が、気持ちよく働けるための環境づくりをしてあげること。つまり、監督の顔色を気にせず、自分の能力を目一杯発揮させることのできる環境づくりである。ファイターズほどこの空気が漂っているチームは他にあまりない。

名選手上がりの監督にありがちな上意下達のシステムを駆使した、メンバーに「やらせる仕事」を与える20世紀型のシステムは、もはや時代後れなのである。適材適所の原則を貫いて、チームとして最大パワーを実現することがリーダーの責務である。

「表現力」もリーダーの大切な要素である。リーダーの口癖は、これまでたいてい「僕」「私」であった。つまり、リーダーの主語はいつも自分である。トップダウン方式のチームのリーダーにありがちな習性である。

しかし、「チームメンバーの成長をサポートする」のがリーダーの任務の一つであるなら、主語は「メンバー」でなければならない。

この習慣を徹底するには、翻訳力を身につけなければならない。主語を「私」から「メンバー」に言い換えるのである。

例えば、「自分はどんなチームをつくりたいか？」は、「メンバーがどんなチームをつくってくれるか?」に翻訳すればよい。あるいは、「自分がどのような形のメンバーの使い方をするか?」は、「メンバーにどのような役割を果たしてもらうか?」と言い直せばよい。

同じ表現でも、「自分」から「メンバー」に主語を置き換えるだけで、メンバーの捉え方はまったく変わったものになる。

リーダーの表現を変えるだけで、メンバーの仕事が「やらされる仕事」から「自発的に取り組む仕事」に変容するのである。

もう一度繰り返そう。チームの主役はあくまでもメンバーであり、リーダーは彼らをサポートする脇役でなければならない。

言葉の力を甘く見てはいけない。リーダーが「私」を主語にした時点で、メンバーの仕事はリーダーに押しつけられた仕事になる。それが「メンバー」を主語にした途端、メンバー主体の自主的な行動パターンに変化して、チームを勝利に導いてくれる。

第5章

栗山に影響を与えた名監督

「三原マジック」を徹底して信奉する意味

栗山のリーダーとしての資質を検証するときに、三原脩《みはらおさむ》という野球界の名将について語らなければならない。実は、２０１１年秋、栗山が監督に就任する条件の一つとして、日本ハムファイターズの初代球団社長で自分の所属したヤクルトの監督も務めたことのある三原の写真を監督室に飾ることを挙げたという。

実は、シーズン中、札幌ドームで開催されるゲームでは、監督室から出るときに栗山は三原の写真に向かって「行ってきます」と挨拶をしたという。それくらい彼の三原への思い入れは大きい。それだけでなく、傍らに三原の著書『勝つ――戦いにおけるツキとヨミの研究』を置いて読み漁ったという。それほど栗山の三原への思い入れは強い。

ここで簡単に三原脩の人生を彼のウィキペディアを参考に紐解いてみよう。１９３４年（昭和９）はプロ契約第一号選手として登録され、主に巨人で実働３年、１０８試合に出場して、４０７打数92安打、打率２割２分６厘という平凡な数字しか残していない。

47年（昭和22）、巨人監督を皮切りに、西鉄、大洋、近鉄、ヤクルトと５球団を渡り歩く。やはり燦然と輝くのは、西鉄黄金時代の監督業であろう。51年（昭和26）から59年（昭和34）までの９年間にリーグ優勝４回、日本シリーズ制覇３回を成し遂げている。

監督時代には「三原マジック」と称され、三原は西鉄を強大なチームに育て上げただけでなく、中西太《なかにしふとし》、大下弘《おおしたひろし》、豊田泰光《とよだやすみつ》、稲尾和久《いなおかずひさ》といった球史に残る名選手を輩出している。

特筆すべきは56年（昭和31）の日本シリーズ、対戦相手は水原茂《みずはらしげる》率いる巨人。この両者の戦いはマスコミから「巌流島の決戦」と評されるほどの注目を集め、４勝２敗で三原は、ついに念願の「巨人を破っての日本一」を成し遂げる。以後58年（昭和33）まで、３年連続で巨人と日本シリーズで対戦し、いずれも三原率いる西鉄に軍配が上がる。

とくに58年の日本シリーズでは、西鉄が第1戦から3連敗し、いきなり王手をかけられるが、第4戦以降は稲尾が連投し、ついに4連勝して逆転日本一を勝ち取った。それまでのワールドシリーズにも例のなかった日本シリーズ史上初の「3連敗からの4連勝」であり、球史に燦然と輝く名勝負と称えられている。

そして監督業を辞めた後、晩年の73年（昭和48）11月、日本ハムによる日拓ホームフライヤーズ買収に関与し、ファイターズ代表取締役社長兼球団代表へ就任、娘婿の中西太を監督に据える。

しかし74年、75年（昭和49、50）と2年連続最下位に終わり、後任に大沢啓二《おおさわけいじ》を招聘。大沢はBクラスだったチームを優勝が狙えるチームにまで育て上げ、81年（昭和56）には前身の東映時代以来19年ぶりにリーグ優勝を果たす。

これは私の推測であるが、多分、ファイターズほどファンを大事にする球団を探すのは難しい。それは三原が球団社長をしている頃から受け継がれたものであることは間違いない。栗山もそのことを痛いほど知っている。

実は、ファンあっての球団という思いであることを物語る三原のエピソードがある。話は48年（昭和23）に遡る。三原率いる巨人は、その日、南海と戦っていた。1―2で負けていた巨人に無死1・2塁というチャンスが巡ってくる。

そこで3番青田昇《あおたのぼる》に打順が回ってくる。南海の内野陣は青田の長打を警戒して守備位置を深めに変更。すかさず青田は3塁側に見事なドラッグバントを決める。無死満塁にチャンスは広がった。4番川上哲治《かわかみてつはる》が外野に犠牲フライを上げ、同点。そしてその後ヒットが出て逆転に成功。青田のバントが功を奏した逆転劇である。

この回、巨人の攻撃が終わると、青田は喜色満面でベンチに戻ってきた。自分のバントに納得していたからである。しかし、突然ベンチの一番前に陣取っていた三原から罵声が飛んだ。

「いったいお前は何を考えて野球をやっているんだ。何で、バントなんかするんだ。俺はお前にバントをやらせるために三番を打たせているわけじゃないぞ。ファンだって、そうだ。お前のバントなんか見たくもない。ファンは、お前のホームランを見たくて来ているんだ。これからのプロ野球が、そんなみみっちいことで客が呼べるか！」（『魔術

師（上）』小学館文庫より）

褒められるつもりでベンチに帰ってきた青田だから、売り言葉に買い言葉でケンカになる。結局、青田が三原に謝ることにより事なきを得たが、三原は青田に熱くこう語ったという。

「アオ。きみが二番や八番を打つ打者だったら、たしかに今日のバントは褒められたのかも知れん。だがな、ベーブ・ルースが同じようなことをしたら、ファンは喜ぶだろうか？　ファンはベーブ・ルースのホームランを見に球場に来ているんだ。われわれがもう、戦前のアマチュア野球のような考え方やカラを打ち破らなければ、日本のプロ野球は駄目になってしまう」（前掲書より）

青田は三原のこの言葉に納得したという。この三原の60年以上も前の言葉は、今でもまったく通用する。「ファンあってのプロ野球」という原点を、当時の三原は見据えていたのだ。この哲学は、栗山の心の中にもしっかりと刻み込まれているはずだ。

三原への思い入れが栗山采配の原点

栗山の背番号80は、三原が監督を務めたヤクルトでつけていた番号である。それほど、三原への栗山の思い入れは大きいのだ。

三原について、栗山はこう語っている。

「三原野球から得たヒントはたくさんあるが、なかでも気をつけていることが『先入観を消す』ということだ」（『覚悟』ＫＫベストセラーズ刊より）

例えば、栗山に言わせると、プロ野球には以下のような常識があるという（前掲書より）。

1番バッターには、いちばん脚が速くて選球眼のよい選手を。

2番には、いちばん器用で小技のうまい選手を。

3番には、いちばん打率の高い選手を。
4番には、いちばんホームランを打てる選手を。
5番には、いちばん勝負強い選手を。

野球をよく知っている方なら、なかば常識とも言えるセオリーかもしれない。栗山は、それらの常識を破壊することにより、新しい発想が生まれるという。

例えば、中田翔を1番に据えたらどうなるか。そんなことを栗山はときどき考えるという。そうすればバットを振り回してホームランを狙う4番バッターではなく、なんとしても塁に出ようとしてコンパクトなスイングになるだろう。そう栗山は考えるわけだ。

三原の常識外れの采配に触れ、栗山の発想が広がったことは間違いない。リーダーがまず、縛られている常識を外せば、それだけで新しい発想がどんどん生まれてくるというわけである。

これからのリーダーは、直観力や創造力を発揮して組織に革命をもたらさなければならない。温故知新。昔の賢者の教えの中に新しい発想の種がある。2012年ファイターズの躍進

は、そのことと無関係ではない。

歳を取れば取るほど人間の脳は硬くなる。それに伴い、放っておけば、発想力や直観力も鈍っていく。だから今から50年以上前の三原の型破りな采配は、発想力を鍛える上において、栗山には「目からウロコ」として映ったのだ。

開幕早々、栗山は打順で悩んでいた。とくに２番に誰を据えるかで、彼の脳裏には多くの選手が浮かんでは消え、消えては浮かんだはず。そして結局、ジグザグ打線（左右の打者を交互に並べる）という結論に到達する。例えば、４月６日の対千葉ロッテマリーンズ戦の打線を見てみよう。

１番・糸井嘉男《いといよしお》（左打）２番・小谷野栄一（右打）３番・田中賢介（左打）
４番・中田翔（右打）５番・稲葉篤紀（左打）６番・陽岱鋼（右打）
７番・スレッジ（左打）８番・金子誠（右打）９番・鶴岡慎也《つるおかしんや》（右打）

9番以外は見事にジグザグ打線が形成されている。しかもこの対マリーンズ3連戦で、ファイターズは3連勝を飾るというオマケまでついた。

持ち駒で最大効果をもたらすのがリーダーの仕事。采配の妙をリーダーは問われるわけである。多分、栗山の脳裏には何十通りもの先発オーダーのプランが渦巻いているはずだ。つまり、三原への強い思い入れが栗山の采配の原点なのである。

SWOT分析の達人を目指す

チームの最大効果を実現するうえで、忘れてはならない理論がある。それが「SWOT」理論である。

あなたがリーダーであるなら、この理論を習熟しておくといいだろう。これは組織環境分析の代表的な理論であり、プロジェクトチームの戦略計画ツールとして活用できる。

多分、栗山もこの要素を取り入れて、さまざまなものを決断しているような気がする。組織の現状を以下に示す4つの要素で考えてみるわけである。

1　Ｓｔｒｅｎｇｔｈ（強み：自分のチームの長所）
2　Ｗｅａｋｎｅｓｓ（弱み：自分チームの短所）
3　Ｏｐｐｏｒｔｕｎｉｔｙ（機会：相手チームの短所）
4　Ｔｈｒｅａｔ（脅威：相手チームの長所）

つまり、リーダーなら、自分のチームの強みと弱み、そして相手チームの弱みと強みを知り、その状況に応じて的確な判断を行うこと。そういう意識を持って最大効果をもたらす采配を敢行すればよい。

もちろん、ことがうまく運ぶとは限らない。むしろ、うまくいかないことのほうが多いかもしれない。しかし、イバラの道を歩むのもリーダーにとっての宿命なのである。

的確な意思決定には、ＳＷＯＴの正しい理解が必要である。リーダーは与えられたＳＷＯＴを元に目標が達成可能であるかを判断し、達成が不可能であると判断した場合、別の目標を元に、再度ＳＷＯＴ分析をやり直す必要がある。

達成が可能であると判断した場合、以下の質問に対する回答を考えることで、創造的な戦略につなげることができる。

・どのように強みを活かすか？
・どのように弱みを克服するか？
・どのように機会を利用するか？
・どのように脅威を取り除く、または脅威から身を守るか？

普段からこの4つの要素を頭に叩き込み、それぞれの要素を自分のチームに当てはめて、具体的な戦略プランを実行する。うまくいけばそれでよし、うまくいかなければ新たな具体策を立案して再度アクションを起こせばよい。

鉄壁のチームを構築する上で、これらの4つの要素のどれ一つが欠けてもこの競争社会を勝ち抜くことはできない。おそらく栗山は、これらの4つの要素を勘案した多面的な見地からチームの戦力を最大化させる戦略を練ってゲームに臨んでいるはず。

ルーキーイヤーとして臨む12年シーズン、開幕を前日に控えた3月29日、栗山はこう語っている。

「確率を高めていくためには何をすればいいか。選手には『迷わないでプレーしてくれ』と話しました。そうやってプレーさせてあげるのがベンチの仕事だと思っています。北海道の皆さんには自分がプレーしているようなドキドキ感を抱いてもらい、こちらは『こんなことをやるの？』と思わせる野球をお見せしたいですね」（「北海道日本ハムファイターズ・オフィシャルＨＰ」12年3月29日付より）

この言葉からも、ＳＷＯＴ分析でないにしろ、チームを勝利に導くために栗山の脳裏には、多面的な戦略が駆け巡っていることは間違いない。

栗山に大きな影響を与えた野村克也の戦術

実は、栗山の采配に大きく影響を与えた人物は三原だけではない。ヤクルトスワローズ時代に仕えた監督・野村克也も、栗山の監督術の軸となっていることは間違いない。

栗山がプロ野球選手としてブレイクしたのは、入団5年目の1988年。規定打席不足ながら打率3割3分3厘をマーク。そして翌年の89年には見事レギュラーを獲得し、自己最多の125試合に出場。しかも、守備の名手に贈られるゴールデングラブ賞を受賞したのである。

そして翌年の90年、野村がヤクルトの監督に就任。栗山の現役最後の一年を野村采配の下で過ごす運にめぐり会った。しかし、栗山にはメニエール病という持病があった。突然めまいが襲うのである。入団3年目にも長期入院という辛い体験をしている。

その持病の影響もあって、90年はわずか69試合の出場、打率2割2分9厘と低迷し、自ら引退を決断することになる。シーズン終了後、栗山は野村に引退を申し出る。そのとき、腕組みをしながら、野村はこう語ったという。


「もったいないなぁ……。オマエみたいな使い勝手のいい選手がウチには必要なんや」

(「現代ビジネス」12年8月22日付『二宮清純レポート』より)

その言葉に栗山の心は揺れ動いたという。栗山が今も心の中に大事にしまってある野村の哲学がある。それは「中心なき組織は機能しない」という言葉である。

斎藤佑樹を12年シーズンの開幕投手に抜擢したのも、あるいは、中田翔を不振でも４番で使い続けたのも、すべて野村のこの教えによるものだという。

ヤクルト時代を振り返って、栗山はこう語っている。

「野村さんにはもう怒られてばかり、相手にもされないくらいボロクソに言われました（笑）。その分、僕も野村さんがやろうとしている野球を必死になって勉強したつもりです。〝主役なき組織は生きてこない〟とかね。ふと気付くと、野村さんの教えが無意識のうちに自分の中に入っているように感じる時があるんです」（前掲『二宮清純レポート』より）

ファイターズ５年目の中田をチームの主役に育てなければ監督としての自分が許されない。

野村から学んだ「中心なき組織は機能しない」という教えが12年シーズン、全試合で中田を４

番に固定させた大きな要因であることは間違いない。

中田翔を断固、4番で使い続けた理由

ここで、簡単に中田翔のキャリアに触れておこう。

中田のニックネームは「平成の怪物」である。「大阪桐蔭高校に中田翔あり」と注目され、2年生では、当時の大阪大会新記録となる4試合連続ホームランや87本の高校通算ホームラン記録を更新する。

また、07年のドラフトでは、佐藤由規《さとうよしのり》、唐川侑己《からかわゆうき》と並んで「高校ビッグ3」と呼ばれ、北海道日本ハムファイターズ、阪神タイガース、オリックス・バファローズ、福岡ソフトバンクホークスの4球団から1巡目で指名され、抽選で交渉権を獲得したファイターズに入団する。

最初の3年間、中田はレギュラーに定着することができなかったが、4年目の11年シーズン、初の規定打席に到達し、リーグ3位の18ホームランを打ち頭角を現すこととなる。

そして栗山を監督に迎えた12年シーズン、彼は全試合に出場し、ホームランはリーグ2位の

24本を放ち、がっちりとレギュラーのポジションを獲得する。シーズン前から４番を示唆するコメントを発し続けていた栗山に対し、中田本人はこう語っていた。

「監督は多分、『いい選手は使ってダメな選手は使わない』って感じだと思うんで、もう、アピールするしかないですよね。４番を奪いに行くつもりでやらないと」（「Ｎｕｍｂｅｒ ｗｅｂ 熱パ！クライマックス劇場」より）

12年のシーズンが中田にとって順風満帆だったわけではない。前半戦の中田は度々極度の不振に陥る。例えば、開幕戦からの24打席連続、そして交流戦でも20打席連続無安打など、前半戦は打率２割２厘。決して４番の重責を果たしたとは言えない成績である。

普通なら打順を下げる状況である。しかし栗山は、中田を４番から外すことはなかった。栗山は、繰り返し中田に「チームを勝たせる４番になってほしい」というメッセージを投げかけた。つまり、自分の監督生命を懸けて「４番・中田」にこだわったわけである。

そして開幕から数えて６戦目、その第４打席目に値千金のホームランが中田のバットから飛び出した。なぜ中田の4番を執拗にこだわるのかについて、栗山はこう語っている。

「打順を下げれば打てるのはわかっています。しかし僕には翔はウチの4番というより将来的にはジャパンの4番に座ってもらいたいと考えているんです。ちょっと大袈裟に言えば、彼を4番として育てられなかったら球界全体の損失になるでしょう。これは誰が監督になってもやらなければならない仕事なんです」（「週刊現代」2012年8月22日号より）

監督からこれだけ期待されると、中田のほうも黙っていない。「使い続けてくれる監督のためにも」と、それまでの〝がに股打法〟を捨て、試行錯誤を繰り返した末、左足でタイミングをとる現在のフォームにたどり着く。その形が安定した後半戦に実を結び、後半戦はキッチリと主砲としてチームの快進撃を支えた。つまり、栗山の中田への強い想いが、やがて彼に4番としての自覚を持たせることになったといえる。

実は、心理学者ローゼンとダンドレーの実験でも、最も達成欲求の強かった男の子は、普段から父親に、「たとえ失敗してもいいから自分で決めてやりなさい」と言われていた男の子であったことが判明している。

「最後はオレが責任を取るから、お前は自分の潜在能力を目一杯発揮することだけを考えてほしい」と伝えるだけで、メンバーに自覚が芽生え、自分はリーダーに信頼されているという気持ちになれる。リーグ制覇を果たした後、栗山について聞かれて中田は、こう語っている。

「本当に熱い監督です。選手一人一人を見てくれている。自分にも毎日のように、『今日は頑張るぞ、一緒に頑張るぞ』とか。こっちが『よっしゃ！　やってやろう』という気持ちにさせてくれる監督ですので、本当に良い監督です」（「ファイターズ―パ・リーグ優勝２０１２・オフィシャルグラフィックス」北海道新聞社編より）

どんなに成果が上がらなくても、そのメンバーは内面で着実に成長し続けている。そう想い続けてそのメンバーを期待しながら使い続ける。

これも一流のリーダーが実践している共通点なのである。リーダーとメンバーの信頼というものは、そのようなところからしか生まれないと考えたほうがよい。

その我慢がメンバーの才能を必ず開花させてくれる。たとえ成果が出なくても、そのメンバーの潜在能力を信じて使い続けることは、リーダーにとっての大切な資質なのである。

若手を積極的に登用する

栗山の12年のパリーグ制覇の一因は、若手起用が功を奏したことにある。それは外部から金に任せて選手を獲得する球団とは一線を画す。

なかでも9月の過酷な首位争いで他球団を突き放したのが大きいが、若手の活躍を無視するわけにはいかない。2年目の西川遥輝《にしかわはるき》、3年目の右腕中村勝《なかむらまさる》、そして4年目の杉谷拳士なくしてファイターズのパ制覇は語れない。

例えば、9月9日の対オリックス戦である。優勝争いの大事なこのゲームで、栗山は1番・西川、2番・杉谷という打順を組む。明らかに抜擢のオーダーである。さらに先発マウンドに中村を送り込んだ。中村は７回を投げ被安打４、失点０の快投。２―０でファイターズは快勝する。試合後、栗山は笑顔でこう語っている。

「ハタチだろうが、全然関係ないんだよ。できるヤツはできるし、できないヤツはできない。記者のみんなもさ、１年目から、書けるヤツは書けたでしょ」（「Ｎｕｍｂｅｒ　ｗｅｂ　熱パ！クライマックス劇場」より）

栗山のコミュニケーション力が選手との心理的距離を縮めている。たとえ「何かあったら声をかけてくれ」とリーダーが言っても、そのリーダーがしかめっ面をして斜めに構えていたのでは、メンバーは声をかける気になれない。

このゲームで勝利投手となった中村はあるとき、こう語っている。

「（栗山監督は）よく話しかけてくれるし、監督との距離が近い感じがします。やりやすくさせてくれる。だから自然と『やるぞ！』という気持ちになってくるんです」（「Ｎ umber web 熱パ！クライマックス劇場」より）

いつもメンバーが気軽に声をかける雰囲気を漂わせること。栗山にはそれがあるからメンバーが親近感を抱くのだ。

11年11月。栗山監督が就任して初めて取り組んだのは、全選手との個人面談だった。例えば、杉谷にはこう語りかけ、4年目のシーズンへ奮起を促した。

「お前と一緒にやるのは、運命的なものを感じるよ」

このように、若手を積極的に登用する栗山の思いは、選手にしっかり伝わっている。そのことについて西川はこう語っている。

「栗山監督でなかったら、こんなに試合には出られていないですし。アドバイスも『全部聞いて、自分のものにしなくちゃ』という気になる。本当に感謝しているし、プレー

でしっかり恩返ししたい。絶対に、胴上げしたいですね」（「Ｎｕｍｂｅｒ ｗｅｂ 熱パ！クライマックス劇場」より）

スポーツの現場では、日本ではまだまだリーダーは「上から目線」でメンバーとコミュニケーションを取る。この姿勢はいまだに健在である。しかし、それではメンバーの本音を引き出すことはもちろん、彼らに慕われることは不可能である。

年齢、地位、立場といった違いが「上から目線」の大きな要因となる。少なくともリーダーとメンバーのコミュニケーションは同等の関係でなければならない。あるいは、コミュニケーションを意味あるものにするには対等の関係を構築するべきである。そのためには、双方向のコミュニケーションが基本となる。

リーダーからメンバーへの一方通行のコミュニケーションでは「指示命令」という色彩が強くなる。メンバーの考えはそこで引っ込んでしまう。

日本を代表するビジネスコーチの伊藤守さんは自著『3分間コーチ』（ディスカヴァー・トゥエンティワン刊）で、リーダーの心得るべき話し方のルールを挙げている。その中から抜粋してみよう。

・チーム内にいつも話しやすい環境をつくる
・どんなに忙しいときでもメンバーから話しかけられたら、それを聞くのを最優先する
・機嫌が良いときも悪いときも対応を変えない
・話をするときは腕を組んだりふんぞり返ったりしない
・怒らない。しかし注意はする

一見当たり前のように見えることも、いざ実際にリーダーが実行しているかというと、そうではない。「自分が上」とか、「メンバーを従わせよう」という意識がある限り、これらのルールは実行されない運命にある。

結局、栗山のような選手目線で接することができるリーダーが、メンバーに慕われ、結果を出せるのである。

第6章

風通しを良くすると人も組織も強くなる

メンバーが気軽に話せる環境をつくる

栗山がリーダーになると、梨田《なしだ》昌孝《まさたか》前監督から受け継いだコーチたちの意識も劇的に変わったという。ある雑誌記者はこう語っている。

「鎌ヶ谷にある日本ハムの二軍練習場では、練習中のグラウンドでも、試合中のベンチでも、とにかく選手とコーチが会話する姿が至るところで見られるんです。コーチが選手に話しかけるチームは他にもありますが、日ハムほど選手からコーチに積極的に相談にいくファームは他にありません」（「現代ビジネス」12年10月31日付『二宮清純レポート』より）

実は、二軍の選手になんでもコーチに相談するように仕向けているのは栗山である。コーチのほうも、とにかく暇があったら率先して選手に声をかけている。リーダーのほうから部下に問いかけるというこの効果は計り知れない。

それは前任者の梨田が「考える野球」を推進した賜《たまもの》である。そのことについて、２００９年までファイターズの二軍監督を務めていた水上善雄《みずかみよしお》はこう語っている。

「例えば、ある選手が『今日はあの球が打てません』と言ってきたとします。でも我々は、そこではアドバイスしない。『どうしてだと思う』と聞いて、更に考えさせる。理由を考えさせれば、弱点を克服するために必要な技術も自然と見えてくるでしょう。そうすれば、『こういう練習が足りなかったと思います』というところまで、自分で考えられるようになる。そこで『じゃあ、こういう練習はどうだ』と提案する。要は『自分で考える選手』を育てていくのが、二軍のコーチ・監督の仕事なんです」（「現代ビジネス」12年10月31日付『二宮清純レポート』より）

栗山が就任する前から、ファイターズの球団の中で梨田の陣頭指揮の下、コーチ陣がそういう土壌をつくっていたわけである。もちろん、その風土を引き継ぎ、栗山がさらに積極的に推し進めたことは言うまでもない。

考えるメンバーを量産するには、「問いの共有」が不可欠である。

ファイターズというチームには、一軍のみならず二軍においても、コーチと選手の間で「問いの共有」が行われているから、選手に考える資質が根づいたのだ。

コーチや監督に問いかけられることにより、選手は自分の範囲だけではなく、他の選手との関わり合い、コーチや監督との関わり合いまで広げて物事を考える習慣が根づくようになる。これにより、自分の立ち位置が認識でき、チームの中の自分の置かれた役割に対する意識が高まるようになる。

前述の水上はこう続ける。

「若い選手が二軍で学ぶべきことは、『自分の正しい育て方』です。試合に出て、その中で実際に失敗して課題を見つけて、克服法を考えて、次の試合で実践する。そうしてやっと成長するんです」（前掲『二宮清純レポート』より）

リーダーのほうからメンバーに積極的に問いかけることにより、メンバーの視点は未来に向けられる。その結果、自発的な自分が納得する行動を起こせるようになる。

未来志向になるように仕向ける

メンバーは誰でも常に不安を抱えているもの。それをいち早く察知して、救いの手を差し伸べるのがリーダーの役割である。メンバーの心の中には、以下のような不安が存在する。

「自分は成長していないのではないだろうか?」
「自分の何を仕事に活かせばいいのかわからない」
「自分に何が足りないのかわからない」

こんな不安を持つメンバーに、安易に解答を与えてはいけない。それを考えさせるのもリーダーの役割だ。なぜなら、自分で考えて導き出した答えは、自分のものになるからだ。

ワクワクするような夢があるから私たちは頑張れる。考えてみれば、仕事とは、飽き飽きするような内容の、面白くないルーティンワークの繰り返し。その仕事内容だけを捉えてみれば、モチベーションはまったく上がらない。

人生の中で多大な時間を費やす仕事時間を、ワクワクしながら過ごすことができたら、どんなに幸せだろう。捉え方一つで、面白くない仕事も面白くなる。

「やらされる仕事」から「自発的にやる仕事」に変えることで、メンバーの大概の不安は解消

する。

メンバーにワクワク感を与えることこそ、リーダーの責務。そのためには、リーダーはメンバーに仕事そのものを捉えるだけでなく、仕事の先にある未来を見据えて仕事に取り組むことの大切さを繰り返し説こう。

「レンガを積む男」という寓話がある。この話は、同じ仕事でも、その当事者の考え方次第で「やる仕事」と「やらされる仕事」に分かれることを私たちにわかりやすく教えてくれる。

あなたが歩いていると、レンガを積む作業をしている男に出会う。あなたはその男に声をかける。「何をしているのか？」。すると、その男は不機嫌そうにこう答える。

「あんたは見てわからないのか？　私はレンガを積み上げているんだよ」

しばらく歩いていくと、また別の男がレンガを積み上げている。そこであなたは同じ質問をする。「何をしているのか？」。すると、その男は生き生きした表情でこう答えた。

「私は大聖堂をつくっているんですよ」

仕事というのは、内容だけを捉えてみると、大抵、つまらない作業の連続。与えられる報酬との交換作業だと捉えると、その目の前の作業は楽しくない。

一方、その作業が何であれ、社会に貢献している。その作業をやれば誰かが喜んでくれる。あるいは、未来の自分の成長のためにこの作業がある。なんでもいいから、そんなことを考えながら仕事に取り組めば、俄然その仕事は楽しくなる。

リーダーはそういうことを丁寧にメンバーに説き続けなければならない。それも、一度ではなく、何度も何度も、繰り返し説き続けること。

リーダーが問いを投げかけて、メンバーに自ら解答を見つけ出させる。そういうシステムをきっちりとチーム内に構築すれば、メンバーは自発的に自問自答して答えを見いだそうと努めるようになる。

リーダーの仕事は悩むことにある

悩むのがリーダーの仕事である。一年を通して過酷な闘いを強いられるのがプロ野球の12人しかいない監督の宿命である。

もちろん、栗山とて例外ではない。ルーキー監督としての一年は、苦悩の連続であったことは言うまでもない。

実は、札幌ドームの栗山の監督室に掲げられている言葉があるという。それは第二次世界大戦の海軍連合艦隊司令長官、山本五十六《やまもといそろく》の遺訓である。

苦しいこともあるだろう
言いたいこともあるだろう
不満なこともあるだろう
腹の立つこともあるだろう
泣きたいこともあるだろう
これらをじっとこらえてゆくのが
男の修行である

ちなみに山本は「やってみせ、言って聞かせて、させてみて、誉めてやらねば人は動かじ」という名言も遺している。

いかに監督業が過酷か。眠れない日々が続くだけでなく、それは身体にも容赦なく表れる。8月初旬に首位に立った時期に度々胃痛が栗山を襲ったという。そのことを思い出したようにして、栗山はこう語っている。

「特にリードしている場面で胃が痛み始めるんです。胃の中に棲んでいるトラが暴れ出すような気分になるんです」(「週刊現代」12年8月22日号)

栗山は、一人で悶々と反省会をやるという。もちろん、オフの日も、彼の脳裏を翌日の作戦が次々と頭を駆け巡っていたはず。

12年シーズンを終えて、栗山はこう語っている。

「何やってもダメなときは、ひたすら我慢するしかなくて、毎日、擦り減ってしまう感

じがする。しかも、監督が擦り減るということは、選手たちはもっと擦り減っていると
いうことなのだ」（『覚悟』ＫＫベストセラーズ刊より）

悩むことがなければリーダーの存在価値なんてない。

12年シーズン、ファイターズは90通り以上の先発オーダーを組んでいる。栗山の苦悩がこの多彩なオーダーに表れている。しかもファイターズの首脳陣は、毎試合の前後に２回のミーティングを開催するという。

例えば、ナイターのときには午後２時半にその日のゲームの戦略を練るミーティングがあり、試合後にはＢＯＳ運営チームとの反省会が待っていた。納得できるまでスタッフが顔を合わせて議論するファイターズの首脳陣の姿勢が、今年のパ・リーグ制覇の一因であることは明白だ。

結局、チームの結果の責任をとるのは、メンバーではなくリーダーである。栗山にしてもシーズン中、日々自問自答する作業が延々と、どこまでも続いたはず。

「ゲームの采配に誤りがなかったか？」「選手はモチベーションを上げてきっちり自分の仕事をしてくれたか？」「自分の指示に納得ずくで従ってくれているか？」等々。チームの方針を決断するまでくよくよ悩む。そして、散々悩み抜いた末に最良の決断をするのがリーダーの仕事なのである。

自分を客観視する「メタ認知力」を高める

12年9月30日の対ホークス戦に先発した中村勝は3回被安打6、2失点で早々降板する。試合後、栗山はこう語っている。

「責任はこっちにある。この経験を宝物にしてほしい」（『日経Bizアカデミー』12年10月1日付より）

「責任はこっちにある」が、栗山の口癖である。それは、常にゲームの結果の責任は、監督である自分がかぶるという決意の表れでもある。

栗山の視点は常にメンバーの側にある。つまり「自分が選手だったら」という原点に立って采配をする習慣が身についている。常に選手と一体感を持ちながら、同じ夢に向かって突き進む。栗山の言動には、その気持ちが滲んでいる。

選手の声をきっちりと聞き出し、それを方針に反映させる。

「チーム一丸となって、みんなでやっていこう」という気概がファイターズには溢れている。

例えば、12年シーズンのファイターズの戦術の一つの特徴は、「送りバントが多い」ということ。理由の一つは、統一球の導入にある。「投高打低」の現状に沿ったチャンスに確実に1点を取る作戦であることは言うまでもない。

しかし、それだけではない。もう一つ理由があるのだ。それは選手の心理面を慮《おもんぱか》った作戦による。統計的には、ノーアウト1塁とか、1・2塁の状況では、送りバントは必ずしも有利な作戦ではないというデータがある。ヒット&ランのほうが、むしろ得点の確率が高いのである。しかし、栗山は序盤戦でも送りバントのサインを出すことが多い。
そのことに関して、栗山はこう語っている。

「うちの選手は、真面目な人が多い。打たせてダブルプレーになったときに、責任を感じてそのプレーが尾を引いてしまう。だから送りバントで送った方が、選手にストレスをかけないで野球をやらせてあげることができると思うんですよ」（「日経Ｂｉｚアカデミー」12年10月1日付より）

このコメントに栗山の選手に対する思いやりが見て取れる。リーダーに必要なのは、「メタ認知力」である。メタ認知力とは簡単に表現すれば、「自分が自分を客観視できる能力」のこと。そのためには、常に自分を俯瞰《ふかん》した場所から観察する能力が求められる。自己モニタリング能力のある人間は、概してメタ認知力が高い。

栗山は選手の側から自分を客観視できるから、思慮深い戦術を駆使できるのである。

リーダーはえてして「自分が正しいと感じたことにはメンバーは絶対服従すべき」という考えに陥る。つまり、「メンバーが自分をどう見ているか?」について真剣に考えるリーダーは意外に少ない。

このようなメタ認知力の低いリーダーがメンバーに慕われることはない。自分の思いを伝えることはできるけれど、メンバーの主張を封じてしまう。伝えるだけで、メンバーが自分の主張に納得してくれたと勘違いして悦に入るリーダーが慕われることはない。

結論から言うと、メタ認知力に欠けるリーダーは、即ち双方向のコミュニケーションに無頓着なリーダーなのである。

心理的距離を常に意識する

栗山の選手への愛情は半端ではない。しかも、その愛情を表す言葉を包み隠すどころか、きっちり口にする。例えば、最大のライバル埼玉西武ライオンズを撃破して、栗山は12年10月

2日、札幌ドームで宙に舞った。試合後、栗山はこう語っている。

「選手がうれしそうにしているのが、一番うれしい」(「週刊ベースボール　北海道日本ハムファイターズ優勝記念号」12年10月6日発行より)

この言葉からも栗山の選手への愛情が読み取れる。メンバーを幸せにすることこそ、リーダーの責務である。企業は往々にしてメンバーが組織に貢献することを求める。しかし、その前に彼らは、自分のために頑張っているのだ。

メンバー一人ひとりが、自分のために自分を成長させていく。それがひいては組織への貢献につながっていく。その手助けをするのがリーダーの役目である。

「チームワーク」という言葉は、欧米のプロ集団ではあまり使われない。なぜなら、この言葉はボーイスカウトから生まれた言葉であるからだ。例えば、急流を渡るとき、子供の両肩を大人が支えて渡らせる。これをチームワークという。つまり、弱者救済のときにのみ、チームワークという言葉が使われるのだ。

プロのアスリートは全員が強者でなければならない。ニューヨーク・ヤンキースの監督がゲームの始まる前に選手全員をロッカールームに呼び、円陣を組んで「今日のゲームに勝利するぞ！」と叫ぶことはない。

彼らはフィールド上で自分の好き放題のプレーをしているのである。ただし、自分のチームを勝利に導くためのプレーをしていることは言うまでもない。

しかし、ヤンキースタジアムのファンの目から見れば、見事にまとまっている連携プレーがそこで行われている。つまり、強者の集団においては、リーダーがことさらチームワークを強調しなくても、「ゲームに勝利する！」というミッションさえ与えておけば、チームはそれでまとまるわけである。

栗山は、自分と選手の関係を会社にたとえて、「自分が経営者なら、選手は社員ではない」

と表現している。選手は外注する制作会社のスタッフであると栗山は考えているのだ。

つまり、選手は個人経営の主であり、契約もほとんどの選手が単年度契約である。だから、終身雇用の企業の社員とは根本的に異なるのだ。

一年単位で成果を上げなければ、次の年はない。もちろん、自分も同様の環境下にある。そういうギリギリのところで「今」という一瞬を大事にして成果を出さねばならない。そういう思いが栗山を、選手が持てる力を発揮できるように精一杯支えることに駆り立てているはず。

そのことについて、栗山はこう語っている。

「監督は選手たちが仕事しやすい環境を整え、勝利を求めていく。その結果、選手が幸せになり、併せて選手の家族にも幸せになってもらいたい。それが監督の一番の仕事だと、僕は思います」（『ＤＩＭＥ』12年12月18日号より）

自分の思いや愛情を、そのまま言葉としてメンバーに伝えること。「自己開示」こそリーダーにとって不可欠なスキルである。

リーダーなら、どんどん自分の本音をメンバーにさらけ出せばよい。リーダーがメンバーを感動させると、返報性が働き、閉ざされたメンバーの心が開くようになる。結果、リーダーの要求も彼らは快く受け入れてくれる。つまり、メンバーの心の扉を開かせるためには、リーダーの思いをそのまま伝えることが大事なのだ。

しかも、栗山は、選手との適切な心理的距離を保っている。リーダーが親密さを増そうと思って、メンバーに近づき過ぎると、それはそれで問題が浮かび上がってくる。そのことについて、栗山はこう語っている。

「本来の自分なら、積極的に会話しながら自分の考えを伝えようとするんですけど、監督と選手の立場になった時、友達のような近すぎた関係だと、選手に対する言葉の意味が弱まってしまう（中略）。選手との距離感や声をかけるタイミングはていねいに考えていましたし、選手と馴れ合いにならないように意識していました」（「ＤＩＭＥ」12年12月18日号より）

メンバーから遠すぎると疎んじられるし、近づきすぎると煙たがられる。リーダーとは、割に合わない役回りである。最適な心理的距離は、自らのキャリアを通して築き上げるもの。誰も教えてくれない。

最適な心理的距離を保ちながらリーダーが期待すれば、必ずメンバーはそれに応えてくれる。この当たり前の心理法則を栗山が駆使したから、ファイターズの選手はそれに応え、自らのパフォーマンスをフィールドで発揮して、リーグ制覇を成し遂げたのである。

最適な心理的距離を維持しつつ、そこで精一杯愛情を交えながら期待する。これこそ、リーダーが心得るべき大切な心構えである。

第7章
熱く語るリーダーに人はついてくる

二つのタイプのリーダーを理解する

リーダーからメンバーへの一方通行のコミュニケーション形態で成り立っているチームがある。このチームの問題点は、メンバーからの反応がリーダーに届かないために、彼らの考えていることがフィードバックされないこと。私はこれを「牽引型リーダー」と呼んでいる。

このタイプのリーダーは、「オレの後に黙ってついてこい！」と威勢はいいが、メンバーからモチベーションを奪い取ってしまうために、厄介なリーダーに成り下がってしまう。

牽引型リーダーのチームの形態は、レールの上を進む機関車と客車で譬《たと》えられるだろう。もちろん、機関車がリーダーであり、客車はメンバーである。

メンバーは言われるままに機関車の後について、決められたレールの上を走っているだけでいい。これでは居眠りするメンバーが量産されることは明らかである。

これからの社会は、「采配型リーダー」の時代になる。私はそれを「Ｆ１型リーダー」と呼んでいる。一人ひとりのメンバーが車のハンドルを持ち、チーム単位で走行タイムを競い、その総合点で雌雄《しゆう》を決するわけである。

メンバーに車の運転をすべて委ね、リーダーはピットでの限られた時間にドライバーに精一杯のアドバイスを与えるだけ。ただし、レースに臨むにあたって、どのドライバーをレースに参加させ、どのドライバーを控えに回すかの全権は、リーダーに委ねられる。

このリーダーは「聞く力」や「質問する力」に長けている。「エンジンの調子はどうか？」

「タイヤ周りは大丈夫か?」。ピットに入るや否や、ドライバーに質問を浴びせかけ、その答えに対して即座に的確なアドバイスができる。

「メタ認知力」が要求されるリーダーの理想像が、このタイプなのである。この資質において、栗山の右に出るプロ野球の監督を見つけ出すのは、それほど簡単なことではない。

この資質は、多分、栗山の評論家時代に培われたと、私は考えている。当時、栗山はどこにでも足を運び、数多くの一流選手と積極的に会話のキャッチボールをしたという。種目を越えて多くのアスリートと親交を深めた経験が「メタ認知力」を高めたことは、論を俟《ま》たない。

例えば、これは監督就任の感想にも表れている。21年間のブランクの後、監督を引き受けた経緯について、栗山はこう語っている。

「オファーを受けて真先に『僕に死ねと言ってるんですよね』と言っちゃいました(笑)。僕が監督になろうと思ってなったわけじゃないし、このポジションは自分のことはゼロ、人のために尽くすだけだと思っていますから、チームのためにできることをし

ようと思っています」（「ｗｅｂ Ｓｐｏｒｔｉｖａ」12年2月21日付より）

取材の中できちんと相手の話を聞くというスタンスが、栗山に双方向のコミュニケーション力のスキルを与えたわけである。

しかも、栗山は少なくとも高圧的ではない。その一端は、以下の言葉からも読み取れる。

「『なぜ打たない！』『なぜ抑えない！』と選手に文句をいうのは簡単だが、それを選手のせいにしてしまっては、指導者は成り立たないと思っている。それを打たせるようにする、それを抑えられるようにするのが仕事なのだ」（『覚悟』ＫＫベストセラーズ刊より）

選手が成果を上げられない場合、その非は選手にあるのではなく、それを教え切れていない監督とコーチの側にある、と彼は言いたいのだ。

空気のような存在でありながら、メンバーが成長することを必死で願い、側面から全身全霊でバックアップする。それこそ、これからの時代のリーダー像なのである。

メンバーは組織内での悩みを抱えている

これまでのプロ野球の監督は、メンバーを掌握するために数多くの権利を委任されていた。しかし、ファイターズの監督はいささか赴きが異なる。采配という権利だけに絞り込んで、チームを優勝に導くこと。これがファイターズの監督像である。つまり、ファイターズの目指すチームづくりに、栗山の経験が見事にマッチしたというわけである。

トップダウンのシステムがある限り、いくらリーダーが「いつでも相談に来ていいぞ！」とメンバーに訴えても、相談に来る人間はほとんどいない。

リーダーのほうからメンバーのほうに降りていき、「メンバーのパートナー」としての自覚を持つことにより、チームの形態は、自然に壁を取り払ったフラットなシステムに変わる。そして、メンバーはリーダーに悩みを打ち明けてくれるようになる。

ここに産業能率大学が調査した比較的キャリアの浅いビジネスパーソンを対象にしたアンケート結果がある。設問は次のようなもの。

「あなたが、上司や周囲の人たちから援助を欲しいと思ったのは、どんなときですか?」

その結果（複数回答可）を以下に示す。

①仕事に行き詰まったとき（48・8％）
②能力を超えた仕事を担当したとき（33・3％）
③他部門との折衝のとき（29・9％）
④新しい仕事を担当したとき（25・7％）
⑤顧客・取引先などの社外の人との折衝のとき（17・7％）
⑥失敗したとき（16・5％）
⑦上司と意見が食い違ったとき（11・3％）

①から④の回答は、すべて組織内のトラブルである。⑤で初めて得意先等の部外に関するトラブルによる悩みが出てくる。この調査結果からも、メンバーの多くは組織内のトラブルに頭を悩ませていることがよくわかる。このことにリーダーは気づくべきである。

ちょっと話が横道に逸《そ》れたが、メンバーがリーダーに悩みを打ち明けやすい環境づくりを最優先させよう。システムを変えるのは、メンバーではなくリーダーである。もちろん、部下が話しかけやすい表情や態度をリーダーが貫くことは言うまでもない。

リーダーとメンバーがコミュニケーションをとるとき、お互いの立場は対等であるべき。コミュニケーションを有効なものにするには、立場、経験、年齢等をすべて度外視して当たるべきなのである。

なかにはトップダウン方式でビシッと言わないことにはリーダーはなめられる、と反論する読者の方もいるだろう。しかし、そのような雰囲気では、メンバーは渋々同意はするが納得して動いてはくれない、と考えたほうがよい。

つまり、同意だけではなく合意するためには、リーダーとメンバーが精神的に対等であることが必須要件なのだ。もちろん、リーダーとメンバーの立ち位置も対等でなければ、何を言っても彼らは快く受け入れてくれない。

リーダーとメンバーの意識の共有を、栗山はことさら大事にする。いくらリーダーが崇高なビジョンを掲げても、メンバーがそれに共感しなければ、そのビジョンは役に立たない。リーダーとメンバーが越えるべきハードルの高さを共有する。このことをリーダーは肝に銘じなければならない。

多くの組織には、それなりのビジョンが存在する。しかし、そのビジョンは多くの場合、リーダーの独りよがりになっている。リーダーからメンバーへの一方通行のコミュニケーションの弊害がここにある。

こんなことがあった。12年シーズン前に、栗山が斎藤佑樹を開幕投手にする旨を本人に告げた。この話は前述したが、実はその前に、栗山は野手を集めてミーティングを行っている。そこで野手陣に向かって、栗山はこう語ったという。

「今年は昨年までの投手に頼る野球ではなく、打ち勝つ野球でなければ結果を残せない」（「DIME」12年12月18日号より）

ミーティング後、栗山が主将に任命した田中賢介が「よし！　打って勝つぞ!!」と大きな声でチームメイトを鼓舞したという。自分の思いを伝えるために、栗山が何よりも選手とのコミュニケーションを重視していることを証明するエピソードである。

もう一度繰り返そう。ふだんからリーダーが率先してメンバーの元に行き、自分のありのままの思いを伝えることに全力を尽くそう。たとえお互いが納得いかなくても、あきらめてはいけない。お互いの主張をすり合わせて、折り合いがつくまで徹底的に議論する。こんなチームが過酷な競争社会の中で勝利を獲得するのである。

気づかせ型のリーダーに変身しよう

栗山は、プロ野球の監督という言葉のイメージから想像できる「重々しさ」とか「オーラ」は要らないと言う。「それではメンバーから軽んじられるのではないか？」という危惧に対して、彼はこう語っている。

「僕は『今までの監督とは、全然違うよね』って言われたい（笑）。ただし選手に対しては、自分たちの親分としてドンと、いつも選手たちの楯になっている空気は作ってあげたいなと思っています。大将は頼りないとイヤな感じじゃないですか。そこは大事にしなきゃいけないと思っている。ただ、いわゆる世の中の監督像と一致していると思うのは、そこだけです。あとはすべて、一致したくない（笑）」（「ｗｅｂ Ｓｐｏｒｔｉｖａ」12年2月21日付より）

従来の「指示命令型」のリーダーから、「気づかせ型」のリーダーに変身することにより、メンバーの潜在能力を引き出すことができるようになる。

つまり、メンバーに自分のやるべきことを自発的に気づかせ、そこに導いていく。そういう資質がこれからの組織のリーダーに求められる。

組織の中には、迅速に解決すべき問題が山積みである。しかも、理屈抜きに成果が求められる。メンバーに力をつけさせ、山積みの問題を解決し、次の課題をクリアしていくためには、指示命令型よりも気づかせ型のほうが明らかに効果的なのである。

ここでリーダーの役割を再確認しておこう。リーダーにとって、手段はどうでもいいから、とにかくチームを勝利に導くことが何をおいても最優先の案件である。

この本でも再三再四、リーダーなら徹底して「結果志向」ではなく「プロセス志向」を貫くことの大切さを説いているが、それは、あくまでも結果を出すためのプロセス志向でなければならない。

栗山は、一人ひとりの選手のあらゆる情報をすべて頭の中に叩き込んで、適材適所の原則を最優先させながら、大事な決断のかなりの部分をコーチ陣に任せる度量がある。

そして、自分は常にチーム全体を俯瞰して、チームの進むべき道をここぞというときに示すわけである。

栗山は、他球団のどの監督よりも、コーチや選手、さらには球団スタッフにも、裁量権を与え、任せている。この「任せる力」が凄いのである。

そのことについて、栗山はこう語っている。

「監督が決断しなくちゃいけないことが多すぎたら、間違ってしまうこともあると思うんです。だから、なるべく決断することを少なくしたいと考えています。（決断すべきことが）毎日10個あったら、いちばん大事なことは自分でちゃんと決断する。それ以外は監督が決断することじゃなくてもいい。そうすることでみんなが責任を背負うことができる。長いビジョンでチームの将来を考える組織に、ファイターズはもっとも近いと思っていますから……」（「ｗｅｂ Ｓｐｏｒｔｉｖａ」12年2月21日付より）

それまで監督が行っていた決断を、コーチをはじめとする選手・スタッフに委譲することにより、彼らには責任感が発生する。結果、指導陣全体のモチベーションアップにつながり、組織は活性化する。もちろん、中間管理職であるコーチのスキルや知識レベルもアップする。

効果はそれだけではない。監督である栗山は、采配のための最重要の案件にたっぷり時間を確保できるため、その決断の成功確率が高まるのだ。

つまり、チームリーダーが、配下のサブリーダーたちとメンバーたちに自らの仕事のかなりの部分を任せることにより、このシステムは、チームリーダーである栗山とそれ以外のスタッフ双方にメリットをもたらすことになる。

もちろん、このシステムでは、チームの配下にあるメンバーに負担とプレッシャーが増大する。しかし、かなりの部分の決断の権限をメンバーに委譲することにより、リーダーへの好意的な感情が湧き上がるだけでなく、彼らの内発的モチベーションアップを期待できる。つまり、複数の効果が期待できるのだ。

自分が最重要の決断をするために、適材適所の原則に則って配置した配下のメンバーに多くの決断すべき案件を委譲する。リーダーにとって、これは大切なことである。

熱意こそが人を動かす

北海道日本ハムファイターズからドラフト1位指名を受けたスーパールーキーの大谷翔平《おおたにしょうへい》（花巻東高校）が、2012年12月9日、岩手県奥州市内で会見を開き、ファイターズ入りを表明した。高校史上最速１６０キロ右腕のピッチャーの顔と、通算56本塁打のバッターの顔の両方を併せ持つ10年に一人の逸材である。

彼はドラフト前の10月21日には「メジャー挑戦」を表明していたが、10月25日のドラフト会議で、ファイターズは大谷を1位指名した。そして、交渉を重ねるうちに、大谷の気持ちを変化させていったのである。

交渉の席で、栗山は大谷に「夢は正夢。誰も歩いたことのない大谷の道をつくろう」と書かれたボールを手渡したという。

ドラフト会議でファイターズに指名されてから46日。大谷は無数のフラッシュを浴びながら、引き締まった表情でファイターズ入団を表明する。

ファイターズからドラフト指名された直後、大谷は「考えとしては（入団の可能性は）ゼロ」と完全否定していた。しかし、自らが交渉に3度出席した栗山の話を聞くうちに、大谷の気持ちはファイターズ入りへと傾いていく。

「アメリカで長くプレーするために最初から向こうに行くつもりだったけど、交渉するうちに気持ちが変わった」という。

決め手になったのは、栗山の熱意だったと、私は考えている。彼は、キャスター時代に取材した野茂英雄のエピソードを交え、大谷の気持ちを和ませたという。しかも、決して説得というスタンスではなく、親身になって相談に乗ったという。

もちろん、投手と野手の〝二刀流〟を提案して大谷の気持ちを尊重したことが、気持ちを傾けた大きな要因であることは言うまでもない。

記者会見の席上、大谷は、こう語っている。

「これまで日本球界、メジャー、花巻東の方にご迷惑をおかけして申し訳ない気持ちです。日本でプレーする姿を見せることで、少しでも恩返しをしていけたら。遅れた入団になったが、1年目から活躍できるように頑張りたい」（「Ｙａｈｏｏ！ニュース」12年12月10日付より）

球団は度重なる交渉において、メジャー挑戦の成功例、失敗例をまとめた資料を渡し、メジャー1本だった大谷に、さまざまな考えを示し、少しずつ心を動かしていったという。しかし、やはり栗山の熱い思いが、大谷を決断させた最大要因だと、私は考えている。栗山は、自身の発案である投手、打者の二刀流を持ち出して、「本気でやろう！」「誰も歩いたことのない道をつくろう！」と、本音で大谷に熱く語ったという。

リーダーなら、有望なメンバーに熱く自分の思いを伝えよう。それは必ず通じるもの。「Ｈｅａｒｔ　ｔｏ　ｈｅａｒｔ（心から心へ）」こそ、リーダーとメンバー相互の信頼関係を深める切札である。

たくましく生きることの大切さを教える

多分、大谷は、「栗山監督が言っているのだから、たとえ間違っていたとしても、ついて行けば間違いない」という確信を持ったからファイターズ入りを決めたはずだ。どれほど本気かは直接会えばわかる。リーダーなら、説得するとき、熱意をそのまま伝えること。このことを忘れてはならない。

メンバーは、リーダーの語る話の内容よりも、その熱気に心を惹かれるのだ。

これはリーダーとメンバーの間とのことだけでなく、どんな関係においても言えること。リーダーとリーダー、メンバー間、あるいは仕事では商談の場、プレゼンなど、どんな場面にも共通する。

一期一会の決意で、真剣に自分の思いを語った栗山の熱意は大谷に通じた。「念ずれば通じる」は真実なのである。

栗山の話を通じ、大谷の気持ちが「とにかくメジャーに行きたい」という少年の思いから、「ファイターズでの経験を通してメジャーで通用する選手に自分を高めたい」という大人の思いに変化したことは明らかである。

そして12年12月25日、札幌市内のホテルで、大谷は入団記者会見を行う。その席上で、大谷はこう語っている。

「ファイターズの一員として、北海道のみなさんのために日本一を目指したい。投手としても打者としてもチームに貢献したい。一投一打、全力でプレーする。応援していただけたらすごくうれしい」（「毎日.jp」12年12月25日付より）

すでに、従来の「大谷君」から呼び方を「翔平」に変えた栗山は、「大谷翔平が二人チームに入団したと僕は思っている」と、ジョークを交えて語った。

育成方法として、栗山は「本人が苦しかろうが、二人分やってもらわなくては」という要望を大谷に出した。「エースで４番」という期待を栗山にかけられた大谷は「そう言ってもらえるのはありがたい。やる以上は一流を目指す」と言い切った。

11年までダルビッシュ有が付けていた背番号11のユニホーム姿もそこで初披露。そして会見後は、場所を札幌ドームに移し、左打席に入った栗山にマウンドから投球し、攻守を入れ替えて左打席にも立った。大谷は「感動した。広い球場でびっくりした」と笑顔で本拠地の印象を語った。

そして雑誌のインタビューで、大谷は13年シーズンの抱負についてこう語っている。

「自分の持っている力がどこまで通用するのか、不安もたくさんありますけど、自分らしく前を向いてやっていきたいです。そして、やると決めた以上は投手と野手どちらも期待に応えるように、精いっぱい頑張って行きたいと思っています」（「週刊ベースボール」13年1月7・14号合併号より）

栗山は大谷に、プロ野球選手としての心得よりも、人間としてたくましく生きる心得を説いた。

だからこそ彼の心を動かせたのだと、私は考えている。

プロ野球選手として成功する前に、人間として魅力的な人物になることの大切さを栗山が説いたから、18歳の大谷はファイターズの一員になることを決断したはず。

キャリアの浅い若いメンバーには、たくましく生きることの大切さを説く。これもリーダーが忘れてはならない要素である。

「守・破・離」の教えを若い人に心得させる

13年の年が明け、1月9日、大谷は、鎌ケ谷（千葉県）の「勇翔寮」に入寮。昼食後はドラフト3位の鍵谷陽平《かぎやようへい》（中大）、5位の新垣勇人《あらかきはやと》（東芝）と一緒にランニングやキャッチボールなど、約2時間汗を流す。

その印象について、大谷は、「久々にグラウンドで練習できてよかった。土や芝は走りやすかったし、よかったです」と語っている。

もちろん、栗山は大谷を特別扱いしているわけではない。1月25日、大谷に異例の外出禁止令を発令する。大谷を厳しく管理して一人前のプロ選手に仕上げていく作戦である。そのことについて、鎌ヶ谷で行われたスタッフ会議の後、栗山はこう語っている。

「制限をかけるというか、思いきりやれるようにするためにも一切、外に出さない。2つやるつもりなら、やらないといけないこともある。絶対出るなとは言えないから、出

るときは俺に許可を取って、誰と何をするのか説明してくれと」（「スポーツ報知」13年1月26日付より）

「誰と何のために外出するのか？」ということを監督にすべて伝えて、認められれば外出が許可されるという仕組みである。まだ未成年だから、我慢すべきときは我慢し、ファンの人たちに不快な思いをさせてはいけないという栗山流の配慮である。もちろん、これは大谷に降りかかるだろう数多くの誘惑を逸らす目的でもあることは言うまでもない。

しかし、大谷のほうもこのルールにはいたって冷静である。

「野球に専念してほしいと言われました。どっちもやるので練習しないといけないと思う。監督としての責任もあるでしょうし、しっかりやってほしいという気持ちを受け止めてうれしかった。出なければトラブルも起きない。制限された方がいい部分もある」（「スポーツ報知」13年1月26日付より）

実は、大谷が所属していた花巻東高では、校則でカラオケもゲームセンターも許可されなかったし、野球部員の外出は午後4時半ぐらいから7時までに制限されていたという。本人の了解を確認した上で、ときにはメンバーを厳しく律し、その大切さを説くのも、リーダーとして忘れてはならない任務なのである。

世阿弥《ぜあみ》の教えに「守《しゅ》・破《は》・離《り》」というのがある。これは、まず入門時には、基本をきっちりと守り、次のステップではそれをうち破り、一人前になれば基本から離れるという教えである。

これからの数年間は大谷にとっては「守」の時代。生活も練習も、そしてゲームに出場しても「守」を徹底してプロの土台をつくる。そういう時期なのである。

実は、このようなルールを設定するということは、言い換えれば、栗山は自分にも厳しいということを意味する。だからこそ、大谷にこのようなことを指示できるのだ。

自分がルール破りのことをしているにもかかわらず、メンバーを厳しく律するリーダーがいる。このリーダーがメンバーに慕われることは決してない。

「ノブレス・オブリージュ（Noblesse・Oblige）」というフランス語は、リーダーのためにある。この言葉は「高貴なるものの責任」という意味だ。

つまり「位の高い人ほど自分に厳しくなければならない」という教訓がこの言葉に込められている。リーダーとメンバーの信頼関係を築くには、それぞれが自らを厳しく律していかねばならない。そういう決意が、栗山の大谷に対するこの決断に表れている。

結論を急ごう。リーダーがメンバーに、社会規範や礼儀の徹底を強調することは、リーダーがそれを遵守することにつながる。そういう姿勢を貫くことにより、リーダーとメンバーの信頼関係は着実に醸成されていく。

敢えて奇抜な戦術を駆使する

実は、栗山がこだわりを持っている「三原マジック」の一つが二刀流である。今から遡ること45年前の1968年、三原の元で二刀流を実践した選手がいる。永淵洋三《ながぶちようぞう》である。

この年、近鉄バッファローズの監督を務めていた三原脩は、ルーキーとして入団した永淵に投手、外野手、代打の3役を与える。

例えば、試合途中で代打に出て、次の回にマウンドに登り、何人かに投げて、外野の守備に回ったり、外野からワンポイントリリーフでマウンドに行き、また外野に戻るというような起用を行った。

そのデビューはとても衝撃的なものだった。4月16日の東映（現日本ハム）戦で代打でプロ初本塁打を放つと、そのままリリーフでマウンドへ上がって2回2/3を2安打1失点に抑え、チームはサヨナラ勝ちした。

しかし、この年、打者としては打率2割7分4厘、5ホームラン、30打点を記録して新人王候補にもなったが、投手としては実力不足を露呈したため6月以降は登板がなかった。翌年からは野手に専念。3番右翼として127試合に出場し、打率3割3分3厘を記録し、首位打者を張本勲《はりもといさお》と分け合った。

もしも三原が指揮するチームに大谷が入団したなら、三原は迷わず二刀流で使うだろうと、栗山は予想する。

そのことについて栗山はこう語っている。

「三原さんに〝大谷に二刀流をさせますか〟なんて聞くのは愚問。間違いなく二刀流で使うはず。どんなふうに使うか、できるならそれを聞いてみたい」（「Yahoo!ニュース」13年1月21日付より）

栗山の大谷の起用法は、どんなものになるのだろう？　野手で先発出場し、1点差の終盤に守備位置からマウンドへ直行。きっちり抑えて守護神・武田久につなぐ。そんなワクワクするような夢を描いているに違いない。

創造力を働かせながら、メンバーの起用法を「ああでもない、こうでもない」と悩むのがリーダーの仕事なのである。

第8章

長所を把握し、褒めて伸ばす

個々人の弱みより強みに目を向ける

栗山采配の特徴は、常に選手を主役にして、彼らを精一杯讃《たた》える姿勢にある。つまり、栗山は「選手を讃える達人」なのである。

例えば、2012年クライマックスシリーズ。ペナントレースの優勝チームに与えられるアドバンテージを含めて4勝0敗という圧倒的な強さで3位からのし上がってきた宿敵・福岡ソフトバンクホークスを撃破する。

投手陣は第１戦吉川光夫、第２戦武田勝、第３戦ブライアン・ウルフがきっちりと先発の役目を果たし、増井浩俊、石井裕也《いしいゆうや》、武田久といったリリーフ陣が踏ん張った。

攻撃陣も糸井嘉男、中田翔をはじめとする切れ目ない打線が爆発した。パ・リーグ制覇を成し遂げた後、栗山はこう語っている。

「二岡が（決勝打を）打った場面には感動しました」（第１戦）

「（糸井選手は）すごい、すごい、すごいですね。昨日、今日と救われました」（第２戦）

「選手たちが、がむしゃらに頑張ってくれたお蔭です」（第３戦）

選手のパフォーマンスをしっかりと観察して、良かった部分をしっかりと脳裏に焼き付ける。それだけでなく、それを言葉として表現するところがすごいのである。

リーダーはえてして、メンバーの弱みに目が向く傾向がある。それが叱責になって表れる。しかし、弱点をいくら指摘しても、それは長所にはならない。リーダーの目は、メンバーの強みに向けられるべきである。それを認識するだけでなく、外部に向かって公言する。成果を認知し、それを公言して初めて、メンバーに自信が芽ばえ、結果、そのメッセージが効果的に伝わるわけである。

これからの時代は「リーダーがメンバーの強みに焦点を絞ってそれを強化するチーム」の時代なのである。「リーダーがメンバーの弱みを指摘するだけのチーム」は、このチームに束になってかかっても勝てない。

だいたい、完璧な人間なんてどこにもいない。人間には、強みもあれば弱みもある。チームに貢献するのは紛れもなく、そのメンバーの強みである。

あくまでもこの本で述べている「ＳＷＯＴ分析」はチームリーダーがチームの戦略のツールとして活用すべきもの。リーダーなら、個々の選手の強みを一貫して伸ばすことに尽力しなければならない。

いかにして、彼らの強みを結集し、チームを勝利に導くか。そのことをリーダーは問われるのだ。だから、そのことについて四六時中思索し続けるのがリーダーの責務である。

一人ひとりのメンバーの強みをしっかりと把握して、その強みを活かせる戦略を練る。彼ら

の欠点には敢えて目を閉じて、彼らの長所を引き出すことがリーダーの大切な役目なのである。

メンバーは往々にして、自分の強みに気づいていないことも珍しくない。彼らの強みをリーダーの口から発してその強みを認識させ、さらにそれを磨くことの大切さをメンバーに繰り返し説き続けよう。

「弱みをそのままにしておくと、それがチームの弱点になるから、弱みを矯正することも大事である」と主張するリーダーもいるだろう。しかし、弱みは決して強みにはならない。

私は30代から40代にかけて、プロテニスコーチを10年以上務めた経験があるが、テニスというゲームは、弱みではなく、相手よりもどれだけ強みを発揮することができたかが問われるのである。もっと言えば、テニスというゲームは、自分の強みを相手の弱みめがけて攻撃するスポーツなのだ。

例えば、テニス界の頂点に長年君臨しているラファエル・ナダルのバックハンドストロークは、決して強みとは言えない。むしろ彼の弱みなのだ。しかし、彼のフォアハンドストロークは天下一品である。

彼はバックハンドに飛んできたボールも極力回り込み、フォアハンドの凄いショットを相手コートに打ち込んでエースをとることができる。つまり、弱みを強みで隠すことができるからチャンピオンなのだ。

リーダーなら、強みを磨き、発揮することの重要性を、繰り返しメンバーに強調し続けなければならない。結局、メンバーの強みをしっかりと把握して、それを本人に自覚させるだけでなく、その強みを引き出し、伸ばすことに全力を尽くすことがリーダーの仕事なのである。

「褒める教育」に徹する

日本のスポーツ現場ではまだまだ「叱る教育」が幅を利かせている。しかし、それではメンバーは萎縮して、本来の実力を発揮できない。栗山のように、「褒める教育」を徹底して選手にのびのびとプレーさせることを肝に銘じよう。

人間は感情の動物。理屈ではなく、叱り飛ばされるよりも、褒められるほうが快感であることは言うまでもない。メンバーに気持ちよく仕事をしてもらう根幹には、リーダーのメンバーへの賞賛や激励が存在しなければならない。

叱咤しなければ動かないメンバーがいたとしたら、それはチーム内にそんな風土をつくってきたリーダーにこそ問題があるのだ。

リーダーなら、ただのお世辞ではなく、事実に基づいたメンバーの美点をきっちり褒めること。リーダーが頻繁に褒めるチームに所属するメンバーは、明るい。チーム内が笑顔で溢れ返っている。

それだけではない。どんな状況でも高いレベルのモチベーションを維持できるから、リーダーがたとえ居眠りをしていても、チームの問題処理に貢献してくれる。

栗山ほど選手を観察することに時間をかける監督を探し出すのは難しい。例えば、開幕戦のサッポロドームでの出来事。選手が揃う前に、すでに田中賢介、小谷野栄一、稲葉篤紀がティー打撃を始めた。もちろん、他の選手はスタジアムに現れていない。

他の球団と違い、真っ先に主力選手が練習を始めるのも、栗山ファイターズの特徴なのである。そこにはすでに栗山がいた。コーチを引き連れることもなく、栗山は人工芝の上に正座して彼らの打撃を見守る。これが栗山の当たり前の日課になっている。

リーダーなら、とにかく時間をかけて、メンバーを観察することに努めなければならない。このことの大切さを栗山は熟知している。

栗山の観察眼を象徴する出来事がある。それは開幕第2戦のこと。2—3とリードされた9回裏。先頭の小谷野が四球を選び塁に出る。続く陽が送りバントを成功。二岡がレフト前ヒットで1死2・3塁のチャンス！　すかさず栗山は、岩舘学を代打に送る。

ジャイアンツからファイターズに移籍して3年目になる岩舘は、それまでほとんどと言っていいほど実績を残していない。しかし、栗山は観ていた。岩舘が誰よりも早く球場に来て、きっちり準備していたことを……。

岩舘について、栗山はこう語っている。

「キャンプからずっと見てきて、まずは本当によく練習する。そして野球をよく考えて、献身的にプレーする。こういう選手こそベンチに置いておきたい」（『覚悟』KKベストセラーズ刊より）

リーダーの期待が大きければ大きいほど、メンバーはその期待に応えようとして頑張ることができる。そのためにも、リーダーにはメンバーの観察眼が求められるのである。

ここに栗山の一つの哲学がある。それは、ベテランであれ、2軍で1軍の出番を待つ選手であれ、分け隔てなく、訪れた機会にその状況で最適の選手を使うこと。

もっと言えば、一軍のベンチにいる選手はすべて使い切る。その覚悟が凄いのである。そのためには、選手を観察することにかけては、他の11球団の監督にひけをとることは許されない。他の監督がいくら経験溢れ、自分より現役時代に活躍し、栄光を刻んだ人であっても、選手を丹念に観察することについては、自分が一番。そんな思いが、栗山の心の中にはあるはずだ。

側近のコーチのアドバイスで判断するのではなく、限られた時間の中で精一杯、自分の目を頼りにメンバーをしっかり観察する。メンバーのそばに自ら出向き、彼らの仕事ぶりをしっかりと観察して、それを頭に叩き込む。この心構えこそ栗山の強みなのである。

メンバーから提案を引き出す努力をする

「自己有能感」こそ、メンバーにとって魅力的な感覚である。これを目一杯与えられるリーダーは慕われる。日本ではまだ「監督の指示には絶対服従」という暗黙のルールが存在する。その典型例はサインである。監督の出したサインには、たとえ4番バッターであろうと、エースピッチャーであろうと絶対服従なのである。

もう10年以上前の出来事になるが、上原浩治《うえはらこうじ》がメジャーに行く前のジャイアンツ時代、泣きながらバッターを敬遠していたのを、私はテレビの生中継で観たことがある。

上原はそのバッターと真っ向勝負をしたかった。しかし、監督が「敬遠しろ！」というサインを出したのだろう。それに従うのが辛かったから、彼は泣きながらそのバッターを敬遠したのである。

一方、メジャーの監督はあまりサインを出したがらない。なぜなら「自分のプレーを決定する権利は、すべてプレーヤーにある」と考えているからだ。監督はベンチで彼らの一挙手一投足を観察しているだけ。そして、彼らがどれほどチームに貢献しているかを観察するのである。

つまり、メジャーリーガーである選手に自己有能感を目一杯与えてチームに貢献させる枠組みがしっかりできているのだ。

一方、日本のプロ野球では、監督の出したサイン通りにプレーヤーが従ってうまくいかなかったとき、その責任の所在がうやむやになる。

これからの時代、自分のプレーはその当事者が自ら責任を持って決断と実行ができるチームが勝ち残るようになる。メンバーの仕事への情熱やモチベーションを、いかに高いレベルにもっていくか。そのことをリーダーは真剣に考えるべき時代になっている。

ただし、目標設定においてリーダーは、メンバーの定めた水準をしっかりとチェックしなければならない。目標設定の水準が、あまり高過ぎても、あるいは低過ぎても、メンバーのモチベーションは高まらない。

双方向のコミュニケーションを通して、お互いが納得いくまで、理性的に議論をたたかわせよう。あくまでも、リーダーとメンバーは同意ではなく「合意」が前提なのである。

リーダーの提唱したことに、メンバーが「はい」と答えただけでは同意でしかない。その案件には賛成ではないけど、渋々やってもいいというのが同意なのだ。そうなるのは、そもそもリーダーの聞き方が間違っているからだ。同意ではなくメンバーから合意を獲得したかったら、「はい」か「いいえ」で彼らが答えるような質問をしてはならない。

こんなエピソードがある。12年3月22日のオープン戦、札幌ドームでの対福岡ソフトバンクホークス戦のこと。この試合、斎藤佑樹が6回まで投げる。スコアはその時点で4—3、ファイターズのリード。斎藤の球数はまだ１００球に到達していない。ここで栗山は、斎藤にもう1回投げさせる決断をする。

6回裏は8番金子誠から。ファイターズ在籍年数が最も長いベテランに無理をさせない配慮から、栗山は福良淳一《ふくらじゅんいち》ヘッドコーチに「マコト（金子）、この回で代えますよ」と指示を出す。福良はベンチの奥に座っていた金子に「マコト、代わるよ」と告げる。

すると、金子から意外な言葉が返ってくる。

「斎藤が投げている間は、僕、代わらないですから」

金子にしてみれば、開幕に合わせて調整している斎藤の状況をきちんと把握したいという思いの表れである。他の球団なら監督の指示に意見を言うことは考えられない。同意ではなく、合意にもっていく栗山ファイターズの素晴らしさがここにある。

メンバーが忠実にリーダーの指示に従うのではなく、メンバーからの提案を引き出すシステムにチームを導いていくのも、リーダーの大切な役割である。

感謝の気持ちを素直に口にする

これは当たり前のことかもしれないが、チームの土台として、人間関係を良好に維持するところから始めよう。チームにとって団結力は欠かせない。そして、風通しの良いチームを実現するためには、「あいさつ」がやはり不可欠なのである。

あいさつは、率先してリーダーから行うこと。ファイターズというチームの雰囲気は、栗山の明るさも手伝って風通しが良い。

率先して自分からメンバーのほうに降りていって、熱く語る。動き回るコミュニケーションが栗山の武器なのである。そういう行動から、メンバーを大切にしている姿勢が、嫌でも彼らに伝わるわけである。

聞き役の大切さについてはすでに説明しているが、リーダーならただ聞くことに徹するだけでなく、自分からも個人的な情報を開示しよう。さまざまな心理学の実験により、自己開示することで、相手の自分に対する好意の量が増えることが判明しているのだ。

雑談も無視できない。私は「雑談力」と表現しているが、いくら仕事のコミュニケーションを増やしても、人望の量は増えない。雑談というパーソナルコミュニケーションの量を増やすことが、人望を高める切札なのである。

ただし、雑談ばかりしていると、「ウチのリーダーは暇なんだ」というマイナス要素を生み出しかねないから、くれぐれも注意が必要である。例えば「制限時間1分」という時間設定をして、コーヒーブレイクや昼間の休憩時間、あるいは自販機の前や喫煙コーナーでメンバーと積極的に雑談をすればよい。さらには、雑談だけでなく、仕事上のコミュニケーションにおいても、リーダーの口癖に感謝の言葉が込められていれば、なお望ましい。

「ありがとう」という言葉は、いつの世でも、どんなメンバーに対しても、とても好ましいリーダーの印象を植えつけてくれる、ありがたい言葉である。

リーダーがメンバーに指示するとき、同じことを伝えるのでも、「給料をもらっているんだから自分の指示した仕事をするのは当たり前」と決め込むか、「自分の仕事の一部をメンバーが担うわけだから感謝の気持ちを彼らに表そう」と考えるかによって、メンバーの受け取り方はまったく違ったものになる。

もちろん、「ありがとう」という言葉がけでなくてもいい。「感謝してるよ！」「とても助かるよ！」「よく頑張ってるね！」といった多彩な表現を駆使することにより、メンバーは進んでリーダーから告げられた業務をやろうという気持ちになる。

12年のシーズンを終え、雑誌のインタビューで「栗山監督はどんな指揮官ですか?」という質問に、中田翔はこう答えている。

「とにかく選手のことをいつも考えてくれている監督ですよね。何があっても選手第一。物事を考えるときも僕らと同じ目線でいつも話してくれる。僕が打てないときでもずっと使い続けてくれて、『今日は体調はどうだ!』、『よし、一緒に頑張るぞ!』と毎日のように声を掛けてくれて。その言葉に何度も救われましたし、なんとか恩返しをしたいという気持ちにさせられる監督なんですよね。それはきっと僕だけでなく、ほかの選手たちも同じような気持ちを持っていると思います」(「週刊ベースボール」12年10月22日号より)

中田に「もっと恩返しをしたい」と言わせる栗山は幸せ者である。

挫折した人間ほどリーダーに向いている

メンバーはリーダーをしっかりと観察している。もちろん、仕事ぶりだけでなく、人間性を観察していることは言うまでもない。20世紀のワンマンオーナーならまだしも、21世紀は、謙虚さがリーダーの不可欠な条件になりつつある。

リーダーがメンバーに教えを乞うことは、恥でも何でもない。リーダーには、もはや威厳など必要ない。もちろん、最初から大きく見せる必要もない。ただ自然体でメンバーに謙虚に接する。栗山は、そういうタイプの人間である。

なぜ彼は謙虚なのか。それは、名選手上がりの他球団の監督と比べ、現役時代の実績がないということも関係しているかもしれない。しかし、私はそれよりも、栗山という人物の人間性がそもそも謙虚なのだと思うのだ。

そのことは、これまで栗山が挫折や苦労をたくさん味わってきたことと無関係でない。現役時代、当時一軍と二軍の境界線にいた栗山は、持病であるメニエール病を隠してベンチに入る。監督に知られれば二軍落ちは避けられないと考えたからだ。もちろん、入団当時から体力面や技術面で一軍の選手よりも明らかに劣勢であることを悟った栗山が、猛練習に励んだことは言うまでもない。

病とつきあいながら、現役後半では「1番・センター」のレギュラーポジションを獲得し、スワローズに貢献した事実は素晴らしいとしか言いようがない。

つまり、過去の人生において、挫折した経験のある人間ほど、リーダーに向いているのだ。

人生の中でたくさんの挫折やつまずきを経験した栗山だから、レギュラーに定着できない選手や、二軍の選手、そしてチームを陰で支えてくれているスタッフ・裏方にも温かい手を差し伸べることができる。

私は、ピーター・ドラッガーのこの言葉が好きである。

「地位は権力ではなく、責任である」

リーダーになると、途端に周囲の人間や得意先の人たちが頭を下げてくれる。それだけでなく、給料もぐんと上がる。こうして、リーダーという地位についた途端、勘違いしてしまう人間も少なくない。

彼らはリーダーの何に頭を下げているのか？　その本人ではなく肩書きに頭を下げているのである。

では、なぜ給料が高くなったのか？　その本人の価値が上がったからではなく、リーダーとしての責任が重くなったから給料が上がったのである。ここを勘違いしてはいけない。

メンバーにはあくまでも謙虚に、そして時には教えを乞う姿勢が、リーダーに求められる。仕事人としての謙虚さ以前に、栗山は人間として心底から謙虚な人間なのである。

栗山の根幹には「ファイターズに関わる人間全員を幸せにしたい」という願いがあるのではないかと私は思う。この使命感があるから、なんとしても監督一年目から一番になりたかったのだ。

その思いは半分果たされた。言うまでもなく「リーグ制覇を果たした」ということ。しかし残りの半分の「日本一になる」という夢は果たされず、翌年への繰り越しとなった。しかし、やり残した仕事があるからこそ、また一年頑張れる。多分、栗山はそう思っているはずだ。

自分のファンを幸せにするために尽力する

12年、就任1年目で、リーグ制覇を成し遂げた栗山は、たった一人で愛用の軽トラックの荷台に乗り、第2の故郷・栗山町の駅前通りを優勝パレードした。駅前通り500メートルの両側には約6000人のファンが集まり、雪と紙吹雪が舞う中、拍手と歓声が商店街に鳴り響いた。

栗山は10年前に、東京から「同姓のマチ」である札幌から車で1時間ほどの栗山町に移住。町の外れの高台に、私設の少年野球場「栗の樹ファーム」を造り、観光大使として町民たちと地道な交流を続けてきた。

シーズン中もときどき出向いて、一人で静かに過ごすこともあった。

「試合のある日も朝から芝刈り機を動かしたり、犬の散歩をしたり。一瞬でも野球を忘れられる場所があったのは救いだった」（『週刊ベースボール』12年10月22日号より）

優勝を決めた12年10月2日には、「栗の樹フォーム」のすぐ横にあるログハウスの裏山に生えている山菜・ラクヨウキノコの入った味噌汁を朝食に摂り、球場に向かった。

パレードは、町民手づくりである。栗山が普段から町内で使っている軽トラックを町内の野球少年団の約60人が引っ張る。もちろん、紙吹雪は町内の小中学生がつくったもの。

午前11時15分にＪＲ栗山駅前をスタートした軽トラックは、ゆっくりと駅前通りを凱旋する。栗山は、荷台から盛んに手を振り、集まった町内外のファンからは「ありがとう」「おめでとう」と祝福の声が上がる。

その後は、希望者全員との写真撮影会が待っていた。栗山は笑顔で４時間かけて約２０００人と握手を繰り返した。ここからも、栗山の気さくでサービス精神旺盛な人柄がうかがえる。

なんとしても周囲の人たちを幸せにしたい。

そういう栗山の人柄がリーグ制覇に一役買ったと私は考えている。

リーダーにとって「采配」というスキルをうまく機能させるには、「徳」という資質が不可欠となる。メンバーをうまく采配して最高の成果を上げることが求められるリーダーという役回りに、徳はなくてはならない要素なのである。

そもそも、いくら仕事ができても、徳のある人間でなければ多くの人間を束ねることなどできない。人は他人をよく見ているもの。しかし、自分がどう見られているか、そのことについて考える人間はそれほど多くない。

自分のメンバーだけでなく、自分のファンを幸せにする。

そういう思いを脳裏に刻んで、栗山はファンのエネルギーまで取り込み、今シーズンもチームをナンバー1に導くことに命を懸けるだろう。

これからも栗山ファイターズから目が離せない。

あとがき

ルーキー監督として、見事、ファイターズをリーグ制覇に導いた栗山に、パ・リーグのライバル球団の監督も賛辞を送ることを忘れなかった。東北楽天ゴールデンイーグルス監督の星野仙一はこう語っている。

「試合運びがうまいチームだった。栗山監督はよう勉強している。現場の経験がないとか関係ない。中田翔が不調の時でもよく我慢して使っていた」（『ファイターズ パ・リーグ優勝2012オフィシャルグラフィックス』北海道新聞社刊より）

2012年シーズン、座右の銘である「夢は正夢」が現実になった。実は、栗山はシーズンのキャンプ初日に、自身のポケットマネーでつくった「夢は正夢」と記されたTシャツを、選手・コーチ・スタッフ全員に配っている。そこには胴上げのシルエットまで描かれていたという。

もちろん、栗山自身はすでに自分の描いた小さな夢を実現している。1999年3月、名前と同名である北海道栗山町の観光大使を依頼されたのがきっかけになり、「こういう所に住みたい」と思ったという。

それだけでなく、案内された栗山町の小高い丘に球場をつくることを決意し、2002年に土や砂利を運び、芝を植えた手造りの野球場「栗の樹ファーム」をオープンした。これは、栗山が現役時代に観て感動した、農民がトウモロコシ畑を切り開いて球場をつくる米映画『フィールド・オブ・ドリームス』を再現したいという思いから生まれたことは言うまでもない。

メンバーを夢に連れて行ってやるのがリーダーの仕事。そのために「ああでもない、こうでもない」と繰り返し悩み続けよう。その作業を快感と思えるようになって初めてリーダーとして一人前なのである。

もちろん、夢が正夢になったとき、すぐに新たな夢を描いてメンバーとそれを共有する。夢は目的ではなく、その後に続く次の夢のためのプロセスなのだ。だから、夢が実現したからといって、酔いしれている暇なんかない。すぐ次の新たな夢に向かって、メンバーにその実現のための努力を積み重ねることの大切さを説き続ける。それこそリーダーがやるべき仕事そのものなのだ。

今年こそ、栗山がファイターズを「日本一」という、もう一つ大きな正夢に導く采配を揮うことは間違いない。ますます栗山ファイターズから目が離せない。

児玉光雄

2013年3月

【参考資料】

『覚悟 理論派新人監督は、なぜ理論を捨てたのか』
栗山英樹（ＫＫベストセラーズ）
『監督・選手が変わってもなぜ強い？ 北海道日本ハムファイターズのチーム戦略』藤井純一（光文社新書）
『なぜ、上司の話の7割は伝わらないのか』小倉広（ソフトバンククリエイティブ）
『「ついていきたい」と思われるリーダーになる51の考え方』
岩田松雄（サンマーク出版）
『指導しなくても部下が伸びる！』生田洋介（日経ＢＰ社）
『３分間コーチ』伊藤守（ディスカヴァー・トゥエンティワン）
『なぜあのリーダーに人はついていくのか』中谷彰宏（ダイヤモンド社）
『リーダーの条件 一日10分で成果も尊敬も得られる習慣』
中谷彰宏（ぜんにち出版）
『人望の正体』児玉光雄（晋遊舎）
『奉仕するリーダーシップ 小川淳司監督はヤクルトに何をしたのか』
児玉光雄（二見書房）
『web Sportiva』（集英社）
『Number Web』（文藝春秋）
『Sponichi Annex』（スポーツニッポン新聞社）
『Doshin web』（北海道新聞社）
『Yahoo! ニュース』（Yahoo! JAPAN）
『Business Media 誠』（アイティメディア）
『現代ビジネス Sportsプレミア』（講談社）
『二宮清純責任編集 SPORTS COMMUNICATIONS』
『北海道日本ハムファイターズ・オフィシャル HP』
『週刊ベースボール』（ベースボール・マガジン社）
『週刊ベースボール増刊 北海道日本ハムファイターズ パ・リーグ優勝記念号』（ベースボール・マガジン社）
『ファイターズ―パ・リーグ優勝2012・オフィシャルグラフィックス』（北海道新聞社）
『北海道新聞』（北海道新聞社）
栗山英樹 Wikipedia
三原脩 Wikipedia

児玉光雄（こだま・みつお）
1947年兵庫県生まれ。京都大学工学部卒業。学生時代テニスプレイヤーとして活躍し、全日本選手権にも出場。カリフォルニア大学ロサンジェルス校（UCLA）大学院に学び工学修士号取得。米国オリンピック委員会スポーツ科学部門の客員研究員としてオリンピック選手のデータ分析に従事。また、日本で数少ないプロスポーツ選手・スポーツ指導者のコメント分析に精力的に取り組んでいる。右脳活性プログラムのトレーナーとしてこれまで多くの受験雑誌に右脳開発トレーニングを提供。自ら名付けた「右脳IQ」という概念を日本に広めるために尽力している。専門は臨床スポーツ心理学、体育方法学。日本体育学会会員。日本スポーツ心理学会員。主な著書として『イチローやタイガーの「集中力」を「仕事力」に活かす！』『奉仕するリーダーシップ　小川淳司監督はヤクルトに何をしたのか』（いずれも弊社刊）の他、『マンガでわかるメンタルトレーニング』（ソフトバンククリエイティブ）など多数。

信《しん》じる力《ちから》と伝《つた》える力《ちから》
日《にち》ハム栗山監督《くりやまかんとく》に学《まな》ぶ新時代《しんじだい》のリーダー論《ろん》

2013年4月25日　初版発行
2023年4月18日　2版発行

著者　児玉光雄《こだまみつお》

発行所　株式会社二見書房
東京都千代田区神田三崎町 2-18-11
電話　03-3515-2311（営業）
03-3515-2313（編集）
振替　00170-4-2639

印刷　株式会社堀内印刷所
製本　株式会社村上製本所

ISBN978-4-576-13046-0
https://www.futami.co.jp